Y. 4590.

Y. 318ℓ
L

Ye   1733-1754

RECVEIL DE POESIE, PRÉSENTE A
TRESILLVSTRE PRINCESSE MA
DAME MARGVERITE SEVR VNI-
QVE DV ROY, ET MIS EN LVMIE-
RE PAR LE COMMANDEMENT DE
MADICTE DAME.

PAR I. D.^u B.^{ellay} A *ngevin* *oachin*

A PARIS.
chez Guillaume Cauellat, à lenseigne de la Poulle
graße, deuant le college de Cambray.
M. D. XLIX.

AVEC PRIVILEGE.

A TRESILLVSTRE PRINCESSE
MADAME MARGVERITE
SEVR VNIQVE DV ROY.

M ADAME, *apres auoir depuis peu de tẽps mis en lumiere quelques petiz ouuraiges poëtiques, plus pour satisfaire a l'instante priere d'aucũs miens amis, que pour espoir que i'eusse d'acquerir aucune reputation entre les doctes, i'auoy deliberé me retirer entierement de ce labeur aussi peu maintenant fauorizé, comme il estoit anciennemẽt entre les meilleurs espriz singulieremẽt recommandé. Ie ne scay si l'infelicité de nostre siecle en est cause, ayant l'ambition, l'auarice, et l'ocieuse uolupté, pestes de bõs espris, chassé d'entre nous ce tãt honneste desir de l'immortalité: ou la trop grande & indocte multitude des escriuains, qui de iour en iour s'eleue en France, au grand deshonneur & abatardissement de nostre langue. I'auoy (dy ie) proposé m'addonner à quelque autre estude, si non tant louable, pour le moins plus fauorable, que cestui cy, lors que dernierement estant le Roy à Paris, apres auoir pris la hardiesse de me presenter deuant uostre excellence, il uous pleut de uostre benigne grace me receuoir auecquestel uisaige, que ie cõgneu mespetiz*

A ij

labeurs uous auoir esté agreables. Cela Madame, a
depuis si uiuement incité mon couraige, que mettant
en arriere ma premiere deliberation, ie me suis remis
aux choses, que i'ay pensé uous pouuoir donner
quelque plaisir. Sans que maladie, ou autre empes-
chemét ait peu retirer mon esprit de ceste nõ iamais
assez louée entreprise iadis tãt fauorizée de ce grãd
Roy François uostre pere, & maintenant du treschrestien Roy, & de uous, comme seuls, & urais
heritiers de sa uertu. Vous ayant dõques ces derniers
iours fait present de ce petit liure, non seulement
uous l'auez eu aggreable, (comme est uostre bonté
coustumiere de receuoir toutes choses, qui d'humble
uouloir sont presentées à uostre grãdeur) mais encor
uous a pleu me commander de le mettre en lumiere,
& soubs uostre nom. Auecques lequel ie me sen si
fort & bien armé contre toutes les difficultez, qui
de iour en iour se treuuent ez haultes entreprises,
que ie pouray combattre l'enuie, & la mort, & celuy temps mesmes, qui abat les grãds Palaix, & superbes Pyramides. Ie ne me ueulx amuser ici à respõ-
dre aux calumniateurs (comme est la façon ordinai-
re des ecriuains) puis que mes escriz ont desia esté si
heureux de rencontrer la faueur de uostre iugemét,
& par uostre moyen celuy du Roy, & de la Royne,
auxquels ayant satiffaiĉt, tant s'en fault que ie me
soucie

soucie du mescontètement d'autruy, que i'estimeray
de là auoir receu toute la gloire, & le fruict de mes
labeurs. Madame, ie supplie à nostre seigneur, uous
conseruer en heureuse, & longue uie, & augmen-
ter de plus en plus en uous les souuerdines graces,
& uertuz, qu'ils uous a si liberalement departies.
A Paris ce XXIII. d'Octobre. M. D. XLIX.

De nostre excellance, le treshumble, & tref-
obeissant seruiteur I. D. B. A.

A iij

A SA LYRE.

V a donques maintenant ma Lyre,
  M a Princeſſe te ueult ouir.
  I l fault ſa table doĉte elire,
  L à, quelque amy uoudra bien lire
  T es chanſons, pour la reſiouir.
T a uoix encores baſſe, & tendre,
  A pren à hauſſer des ici:
  E t fay tes chordes ſi bien tendre,
  Q ue mon grand Roy te puiſſe entendre,
  E t ſa royale epouze auſſi.
I l ne fault que l'enuieux die
  Q ue trop hault tu as entrepris,
  C e, qui te fait ainſi hardie,
  C' eſt que les choſes qu'on dedie
  A u temple, ſont de plus grand pris.

Cælo Muſa beat.

PROSPHONEMATIQVE AV ROY TRESCHRESTIEN HENRY II.

V O V s, qui tenez les sources de Pegaze,
  (Celestes seurs) bandez uostre arc diuin
T out au plus hault de uostre sainct Parnaze,
E t permettez que ce bras angeuin,
P ar l'air françois desserre un traict, qui uole
M ieulx que iamais de l'un a l'autre Pole.
C e traict puissant dessus ses ailes porte
L' horrible nom, qui fait mouuoir les cieux,
L e fer, la flamme: & la non iamais morte
G loire des Roys, enfans aisnez des Dieux:
D ont le protraict H E N R Y, celeste race,
A peint au uif en sa diuine grace.
L a maiesté de son front tant illustre
E ntre les Roys apparoist tout ainsi,
Q ue l'or aupres de l'argent: & son lustre
A rd tout l'obscur de ce beau siecle ici,
C omme la Lune aux etoiles eclaire
P ar le serain de quelque nuict bien claire.
E n quelque part que son bel œil se montre,
C omme un Printemps il serene le iour:
E t semble bien qu'a si haulte rencontre,
R enaisse du monde un plus ioyeux seiour.

A iiij

L e Ciel en rid, & le soleil encore
  D e nouueaux raiz ſes blons cheueux decore.
V ien Prince, uien: rends au tiens la lumiere
  Q u'obſcurciſſoit ce tien long demeurer:
  E t la uigueur de leur uertu premiere,
  Q ui ne ſe peult, qu'en ta force, aſſeurer.
  T on ſeul regard inſpire en leurs couraiges
  L' ardent deſir des martiaux ouuraiges.
C omme la mere au riuaige lamente,
  P rie, & fait uœux pour ſon deſiré filz,
  Q u'un uent contraire en haulte mer tormente
  O utre le terme à ſon retour prefix:
  P aris ainſi languiſſoit auant l'heure,
  Q ui a mis fin à ta longue demeure.
L a grand Ceres, qui ces murs enuironne,
  A ton paſſer, de beaux epiz dorez,
  E nceinct le tour de ſa riche couronne
  E t par les champs de iaune colorez
  F ait ondoyer ſa cheueleure blonde,
  P our honnorer le meſme honneur du Monde.
B acchus auſſi orne teſte & uiſaige
  D e nouueau pampre, & d'odorantes fleurs:
  P rez, môtz, & plains à ton heureux paſſaige
  V eſtent habits de diuerſes couleurs:
  E t la foreſt branlant ſa teſte armée,
  D onne le fraiz de ſa neufue ramee.

                              Les

L es Demidieux,& Nymphes se retirent
   A ux plus haulx lieux,pour a l'aise te uoir:
   L es plus doulx uents tant seulement souspirent:
   L es ruysselets ne font moins leur deuoir:
   E t les oizeaux à l'enuy te saluent
   S ur les sommets qui un peu se remuent.
T out animal domestic, ou champestre
   F iche sur toy son regard etonné:
   L es baz tropeaux en ont laissé le paistre:
   E t les taureaux en ont abandonné
   L eurs fiers combaz:les plus cruelles bestes
   D euers le Ciel ont eleué leurs testes.
Q ui a peu ueoir les mousches menageres
   S ur le Printemps de leurs manoirs saillir,
   F aire un grand bruit,& sen uoler legeres,
   P uis ça,& là l'honneur des champs cueillir:
   C eluy a ueu les miliers,qui se rendent
   D essus les murs,& portes,qui t'attendent.
P aris, qui uoid son Prince à la campaigne,
   A mis au uent tout importun souci:
   T oute maison en tout plaisir se baigne:
   V euf de procez est le Palaiz aussi.
   E t par les feux, qui aux temples s'allument,
   P our toy,HENRY,mil' autels aux Dieux fumēt.
E nfans bien nez,les plus heureuses bandes,
   V ostre beau chant soit l'IO triumphal:

V ous sainᶜts uieillars, chargez les Dieux d'of-
V ierges auſſi au uiſaige nymphal,   (frādes:
F aites couler une pluye de roſes,
D es propres mains de l'Aurore decloſes.
E coute Roy, le plus grand de la Terre,
  L' horrible uoix du foudroyant canon,
  Q ui par le Ciel fait un nouueau tonnerre,
  M oindre pourtant, que le bruit de ton nom.
  S eine en fremiſt. les riuieres craintiues
  H eurtent en uain leurs oppoſees riues.
I upiter meſme, oyant l'air ainſi fendre,
  C hange couleur pour un tel foudroyer:
  E t craint encor' que la Terre n'engendre
  N ouueaux enfans, pour le Ciel guerroyer.
  L a nuiᶜt qui ſort de l'epeſſe fumiere,
  A uant le ſoir fai. ſ...llir la lumiere.
S eine dormoit au plus creux de ſes ondes,
  M ais te ſentant de ſa riue approcher,
  A mis dehors ſes belles treſſes blondes,
  E t s'eſt aſſize au coupeau d'un rocher.
  S es filles lors, qui a my corps y nouent,
  D iuerſement a l'entour d'elle iouent.
M arne peignoit ſes beaux cheueux liquides,
  Q ui luy armoint ↄ l'un, ↄ l'autre flanc.
  O yze au ſoleil ſeichoit les ſiens humides,
  L es ſeparant ſur ſon col net, ↄ blanc:

                                        Et de

E t de ces iongz, Yonne, que tu portes,
T u en tiſſois chapeaux de mile ſortes.
L ors ſe tirant ſur le rocher ſauuaige,
L' une apres l'autre ont fait plus d'une fois
H ault rechanter tout le courbé riuaige,
S oubz l'argentin de leurs celeſtes uoix.
Q uelqu'une ainſi conſacre à la Memoire
(s'il m'en ſouuient) de ſa mere la gloire.
T age, & Pactol'. a l'arene doree,
N ont merité l'honneur, qui t'appartient,
O fleuue heureux! de qui l'onde azuree
D eſſus ſon dos plus grans theſors ſoutient.
T on cours tortu, qui lentement diſtile,
D' un gras limon rend la terre fertile.
E n mile tours par la Prouince heureuſe
T es cleres eaux s'en uont ebanoyant:
T es braz y font mainte iſle plantureuſe
D e tous cotez : & ainſi tournoyant,
E ntre hauls murs ton onde etroitte & forte,
L e riche honneur de l'Abondance porte.
L es grans cyprez pouſſent bien hault ſur l'herbe
L eurs fiers ſommetz à croiſtre exercitez :
L e grand Paris d'un tel fleuue ſuperbe
L eue ſon chef ſur les autres citez,
N on autrement, qu'on uoid parmy les nues
L es haulx ſourcils des grands Alpes chenues.

Quelqu'n loura (dit la Nymphe seconde)
  Lyon, Rouan, Bordeaux, Orleans, Tours:
  Et ie diray la richesse feconde
  Du grand Paris, & ses superbes tours:
  Ses Temples sainctz, & son Palaiz, qui semble
  Non un Palaiz, mais deux citez ensemble.
Mere des ars, ta haulteur ie salue,
  Ie uous salue aussi, uous tous les Dieux,
  Qui auez là uostre demeure elue
  Pour y semer les grans thesors des cieux:
  Pallas y est, & les Muses sacrees
  Sur Seine ont fait leurs riuaiges ascrees.
Comment te peut assez chanter la France
  O grand FRANCOYS, des neuf seurs adoré?
  Tu as defaict ce uil monstre Ignorance,
  Tu as refaict le bel aage doré:
  Par toy premier au monde est reuenue
  La belle vierge aux uieux siecle cogneue.
Les uertueux (dist la troizieme) uiennent
  Des uertueux: les fiers taureaux ainsi
  La braueté de leur source retiennent:
  Des bons cheuaux les bons naissent aussi.
  L'aigle haultain ne degenere, & tombe
  Au naturel de la simple columbe.
De ton FRANCOYS, qu'un autre n'eust peu suyure,
  En ton HENRY a mesme uertu né,

France

F rance, tu uois l'exellente reuiure,
D ont les haulx Dieux rien meilleur n'ont dõné,
N y donneront, bien qu'ils facent renaitre
S ept, & sept fois le temps du premier estre.
V y Prince, uy: & de cent ans encores
P our enrichir le seiour eternel
D e nostre bien, ne uole ou reluit ores
A u plus beau lieu ton Astre paternel:
Q ui d'œil benin ton franc peuple regarde,
T e fauorize, & ta place te garde.
A insi chantoint les trois Nymphes senoizes
C omme à l'enuy, quand Seine en se leuant
E ntrerompit leurs tant doulcettes noizes:
E t d'une uoix, qui persoit bien auant,
F ist resonner aux oreilles royales
L'heureux decret des trois uierges fatales.
T u es uenu finablement ô Prince!
E t ie t'auoy' si long temps attendu.
T u es du seing de ma belle Prouince
E ntre mes braz heureusement rendu.
E coute donq' de quoy m'ont asseurée
L es non menteurs oracles de Nerée.
E stce pas toy, à qui les Dieux promettent
T out le bon heur du monarque Romain?
L es Dieux, qui ia par leurs arests soumettent
T out l'uniuers à ta puissante main?

I' en uoy deſia les depouilles captiues
M iſes par toy pour trophee a mes riues.
I e uoy tomber ſoubz les Fleches Françoiſes
L e Leopard, ton antiq' ennemy,
Q ui ſouloit bruire aux foreſts Ecoſſoizes.
L e feu uangeur deſia uole parmy
L a nef captiue: au ſang Anglois encore
L' azur marin de pourpre ſe colore.
I e uoy deſia la columne eleuee
D e ta uictoire: & ta gloire qui luit,
E ſt ſi auant dans les cieulx engrauee,
Q u'on la peult lire en l'obſcur de la nuit.
L e beau Croiſſant, qui le ciel François orne,
A meine en rond & l'une & l'autre corne.
V n lieu ſe treuue hors le cours de l'annee,
L oing de la uoye au chariot luiſant,
L à ou Atlas tient l'epaule inclinee
D eſſoubs l'eſſeul aux etoiles duiſant.
L a, tu feras ta renommee entendre,
E t iuſq' aux bords de la terre s'etendre.
B ien toſt apres Diſcorde furieuſe
S oubs un frein ſerf priſe tu meneras:
L ors regnera la paix uictorieuſe:
L ors de Ianus le temple fermeras:
E t de laurier ta teſte couronnee,
A donq' ſera d'oliue enuironnee.

Ce nouueau

Ce nouueau siecle, à l'antique semblable,
V erra fleurir le sceptre de Valois.
L a Foy chenue, alors non uiolable,
T iendra le lieu des punissantes loix.
V ice mourra: & les nopces pollues
N e seront lors par amours dissolues.
A Dieu donq' Roy, mon destin me rapelle.
A insi disant, le genoil auança:
P uis tout à coup, auec sa troupe belle
D' un sault leger en l'onde se lança:
L' eau iette un son, & en tournoyant toute,
F ait bouillonner mainte ecumeuse goutte.

F I N.

C AELO MVSA BEAT.

I. D. B. A.

CHANT TRIVMPHAL SVR LE VOYAGE DE BOVLONGNE M. D. XLIX. AV MOYS D'AOVST.

V OICI le temps, si long temps desiré,
Ou noz ayeulx en uain ont aspiré,
Qui sur l'Angloys finablement rameine
La iuste (helas) mais trop tardiue peine.

Les Dieux uangeurs par toy mis à mepris,
Superbe Angloys, ueulent rendre le pris
A leurs autels, & temples, que tu souilles,
Ornez iadis de noz serues depouilles.

Du grand Henry le bras puissant & fort
Auec les Dieux desia fait son effort,
De regaigner par ses fouldres belliques,
Le uieil butin des grand's pertes galliques.

Si Mars nous a regardé quelquefois
D'un œil felon, onques nul toutefois
S'est peu uanter de uoir par luy dontée
Nostre uertu non iamais surmontée.

Qui a tousiours cœur, & force repris
De son malheur, comme le chesne appris
A reuerdir sa perruque nouuelle,
Apres le fer sa teste renouuelle.

Non

N on autrement que des dents, que planta
L e fort Iaſon, la terre en enfanta
H ommes armez, France durant la guerre
N ouueaux enfans de ſon uentre deſſerre.
H ydre iadis en ce point combatoit
(D it l'ennemy) quand Hercule abbatoit
L' un de ſes chefs, auec peine inutile,
Q ui la rendoit par ſes playes fertile.
C raindras tu donq' ô bon peuple de Mars,
C raindras tu donq' les fleſches & les arcs
D u rouge Angloys ton antiq' auerſaire,
V iuant H E N R Y ſeul né pour le deffaire?
M aint Roy Françoys a tenté le danger
D es fiers combats, pour la France uanger:
M ais à H E N R Y, enfant de la victoire,
L e Ciel amy reſeruoit ceſte gloire.
S on nom fatal à l'Angloys familier,
E t le diſcours des aſtres regulier
L uy peuuent bien donner ferme aſſurance,
D e ioindre en bref l'Angleterre à la France.
A lors ſera des Roys plus orgueilleux
P reſqu' adoré ſon ſceptre merueilleux:
E t ſera dict en la Françoiſe terre
S econd du nom, neufieme en Angleterre.
L a Françoys, la, aidez uoſtre bon heur,
F auoriſez d'un tel Prince l'honneur,

B

E t auancez par uoſtre diligence
D e uoz ayeulx la boyteuſe uengence.
V ne Boulongne, ou Calaiz ne ſont pas
P uiſſans aſſez pour uous clore le pas,
N on l'Ocean, qui de uous aura crainte
D e ſang Angloys uoyant ſon onde teinte.

  I a d'un coſté des noſtres le grand cœur
A triumphé du ſouldard belliqueur,
Q ui ſoubs le coup de la hache Françoiſe
E n gemiſſant, mord la terre Ecoſſoiſe.
D e l'autre donq' ne ſoyez endormis,
A fouldroyer uoz mortelz ennemis,
A fin que d'eulx la dépouille ſoit miſe,
T out à l'enteur des bords de la Tamiſe.

  C' eſt choſe doulce, & belle, que mourir
P our ſon pais, & ſon Roy ſecourir.
D e quoy te ſert, ô perſonne craintiue !
F uïr la mort d'une courſe haſtiue?
E lle te ſuit, qui n'a point pardonné
A u doz craintif à la fuite adonné,
N y au iaret trop peu ferme, & debile
D e la ieuneſſe à la guerre inhabile.

  L a uertu ſeule, à qui a merité
A uoir le pris de l'immortalité
O uure le ciel, & d'une aile courante
L aiſſe la terre à la tourbe ignorante.

          Hercule

H ercule ainſi par cet art glorieux
I adis s'aſſiſt à la table des dieux,
E t des Iumeaux le ſigne heureux aux uoiles
A inſi accreut le nombre des eſtoilles.
A inſi Auguſte, ainſi le grand François,
E t toy HENRY, quelque part ou tu ſois
I a deſtiné, ta belle eſtoille ardente
S era du ciel au plus hault euidente.

     C omme l'on uoid par la fureur des uents
E n l'Ocean les flots s'entreſuyuans,
T ous argentez d'ecumes blanchiſſantes
H eurter le front des riues gemiſſantes:
O u les epiz ia non plus uerdoyans,
D' un ordre egal iuſqu'à terre ondoyans
F aire une mer de la blonde Champaigne:
O u de la Beauce à la large campaigne.
A inſi ſeront noz ſouldars par les champs
C ontre l'Angloys à la guerre marchans,
C omme un torrent debordé, qui emmeine
T eſts, & troupeaux contreual par la pleine.

     L a des premiers le hardy Vandomoys,
G uyſe, & ſon fort Aumale, mile fois
P ar les ſcadrons feront la preſſe moindre,
P our aux plus fors des ennemis ſe ioindre.
A uecques eulx on pourra uoir auſſi
N oſtre Neſtor, le grand Mommorancy,

                    B ij

V n sainct André le bien uoulu du Prince,

E t un Sedan monarque en ſa prouince.

L e grand H E N R Y ſur tous apparoiſſant,

C omme un ſapin aux montaignes croiſſant

P aſſe le freſne, aimant la freſche riue,

O u l'oliuier à la perruque uiue,

S ouillé du ſang des ſouldars eſtrangers

R endra les ſiens aueugles aux dangers,

S ans que ſon bras en uain deſcendre face

L' horrible coup de ſa peſante maſſe.

    T u n'as ſans plus, ô des tiens le rampart !

D es plus haulx dieux la faueur pour ta part.

D u noir Pluton le triſte domicile

M eſmes te rend la uictoire facile.

I a long temps a, les filles d'Acheron,

Q ue maint ſerpens arment à l'enuiron,

Q ui pour cheueux en mile neuds leur pendent,

E t noir uenin leur diſtilent, & rendent,

D es cœurs Angloys inſpirent au dedens

E t leurs poiſons, & leurs flambeaux ardens,

Q ui font bruler par diſcordes ciuiles

L es fors chaſteaux, & les ſuperbes uiles.

D u peuple ſerf l'effort ſeditieux

S' eſt oppoſé au noble ambitieux.

M ars les anime, & Diſcorde qui gronde,

E ſpend par tout ſa ſemence feconde.

                           IO Paris,

IO Paris, il te fault receuoir
Ton Prince heureux, lequel te vient reuoir,
Te promettant d'armes bien etophées
L'esté prochain mile & mile trophées.
Sus, que de ioye on face nouueaux feux,
Qu'on rende a Dieu graces en lieu de veutz,
Qu'on s'esiouisse, & que chacun s'appreste,
Pour dedier de ce retour la feste.
La froide peur, France, a couru souuent
Army tes oz, donne la donq' au uent,
Puis que tu uois la magesté sacrée
De ton Seigneur, ou ton œil se recrée.
    O quantesfois Royne, & royale seur,
Vous auez craint, qu'en quelque lieu mal seur,
Ou trop auant aux assaulx, & alarmes
Il ne tentast la fortune des armes !
Maintenant donq', que ce mordant souci
Voz tristes cœurs ne ronge plus ainsi,
Laissez les ueuts aux mariniers timides,
Et d'un beau riz seichez ces yeulx humides.
Aux nouueaux raiz du matinal soleil
Les fleurs ainsi reprennent leur uermeil,
Dont les beautez se montroint effacées
Presqu' à demy par les pluyes passées.
    N'auous encor' uous celestes espriz
De nostre court, quelque ouuraige entrepris

D igne du nom, dont la France uous priſe,
E t de ce Roy, qui tant uous fauoriſe?
L es uers ſucrez du luc melodieux,
Q ui reiouiſt les hommes, & les dieux,
A uront le pris, ſi la Muſe heroique
N e fait ſonner ſa trompette bellique.
R onſard premier oſa bien attenter
D e faire Horace en France rechanter,
E t le Thebain (ô gloire ſouhaitable!)
Q u'à grand labeur il a fait imitable.

　　A inſi me fault quelque uoye eprouuer,
P our Apollon, & les Muſes trouuer,
Q ui me feront en la terre, ou nous ſommes,
V oler uainqueur par les bouches des hommes.
I' ameneray le premier ſi ie puis,
A mon retour au pais, d'ou ie ſuis,
L es ſainctes ſœurs, qui me feront reuiure
M ieulx que la main, qui anime le cuyure.

　　D e marbre noir au milieu d'un beau pré
I' edifiray un temple dyapré
T out au plus pres, ou Loyre plus profonde
E n l'Ocean fait couler ſa clere onde.
D e marbre auſſi les coulonnes ſeront,
Q ui en blancheur la neige paſſeront,
A uec l'autel conſtruict de meſme pierre
E ncourtiné de laurier, & de l'hyerre.

De ce

De ce beau lieu la superbe grandeur
Imitera du Croissant la rondeur,
Ou seront peints de Diane honorée
Les arcs, les traicts, & la trousse dorée.
On ne uerra par le fer demolir,
Ny par l'orage, ou la flamme abolir
Cet œuure faict de matiere si dure,
Que la rigueur des siecles il endure.

    Là mon grand Roy sera mis au milieu
Sur piliers d'or, qui tout au tour du lieu
Tesmoingneront sa louange notoire:
Et sera dict le temple de victoire.
Là ie peindray comme il aura donté
Calaiz, Boulongne, & l'Anglois surmonté,
Puis l'Hibernie, & tout ce qui attouche
L'humide lict, ou le soleil se couche.

    Tu y seras, de Florence l'honneur,
Royne en qui gist le comble de bon heur,
Que la uertu digne epouze a fait estre
Du plus grand Roy, que ce siecle ait ueu naistre.
Toy Vierge aussi, miracle de ton temps,
Qui rends le ciel, & nature contens,
Alors qu'en toy l'un, & l'autre contemple
De son scauoir le plus parfaict exemple.
De uoz grandeurs le prestre ie seray,
Et deuant uous maint hymne chanteray,

D uquel pourront les nations eſtranges,

E t noz nepueuz apprendre uoz louanges.

  C e doulx labeur la Muſe me donnoit

L ors, que HENRY à Boulongne tonnoit,

L uy faiſant ia de ſon bras la uaillance

C hemin au ciel par le fer de ſa lance.

VERS LIRIQVES.

A la Royne.

Ode I.

L A louange bien ſucrée

 L es oreilles nous recrée,

 L ouange, qui ua foulant

 L' honneur de l'arene blonde,

 Q u'Herme tourne dans ſon onde

 T out trouble de l'or coulant.

L a uertu eſt mepriſée,

 Q ui n'eſt point fauoriſée

 D es Graces, contre ces trois,

 L e temps, la mort, & l'enuye,

 D eſquels ſouuent eſt rauye

 L a gloire meſme des Roys.

R oyne donques ne refuſe

 D e l'humble, & petite muſe

 L es uers, que i'ay mariez

          Ama

A ma lyre, qui accorde
L eurs sons diuers sur sa chorde
A ta grandeur dediez.
P ar eulx n'agueres fut dicte
C este belle MARGVERITE,
Q ui enclose en mes ecriz
A insi que la pierre honnore
S on anneau, elle decore
M es uers d'assez petit prix.
P ourtant si tu es chantée
P ar la muse tant uantée
D u tien BOVIV bien souuent,
N e dedaigne point d'entendre
L a mienne encor' ieune, & tēdre,
Q ui met ses ailes au uent.
D e Phebus la saincte bande
A chacun, qui le demande,
N' a faict liberalité
D e pouuoir ainsi aux hommes,
M esme en la terre, ou nous sommes,
D onner immortalité.
S ur la riue obliuieuse
L a noire tourbe enuieuse
D es corbeaux, fait deualer
L es noms, que de l'eau profonde
L es cygnes tirant sur l'onde,

F ont par le monde uoler.

I adis Romme faiſoit naiſtre
   A ux diſciplines adeſtre
   M aint bon eſprit feminin:
   M ais ton Italie encores,
   D ont la gloire tu es ores,
   A eu le ciel plus benin.

C elle, ou Ferrare ſe mire,
   Q u'ores noſtre France admire
   S econde entre les ſiens luit,
   C omme aux mariniers eclaire
   C elle Tramontane claire,
   Q ui tant decore la nuit.

R oyne à nulle autre ſeconde,
   L e ciel t'a rendu feconde,
   A fin de perpetuer
   L a race en France eternelle,
   Q u'à la uertu paternelle
   O n uerra s'euertuer.

M orte eſt donq' la maladie,
   Q ui fut bien aſſez hardie
   D e montrer quaſi la nuit
   A ce petit ſecond Prince,
   Q ui ia en noſtre prouince
   C omme un nouuel aſtre, luit.

S us donq', qu'on chăte, qu'on bale,

Puiſque

P uisque la main triste & pale
A caché ses dards hydeux.
R oy, en qui l'honneur se baigne,
E t toy, sa chere compaigne,
R essiouissez uous tous deux.
O dieux, combien est heureuse
L a belle etoille amoureuse,
Q ui plus fort, que les ormeaux
L a uigne nestreinct, & lie,
V ous tient, & que ne s'alie
L'hyerre à ses prochains rameaux.
R omme doncq', chante Lucrece,
E t ta Penelope, ô Grece,
T oy Pont, celle de grand cœur,
Q ui suyuit par maintes terres
S on mary parmy les guerres,
C omme un souldard belliqueur.
E t toy Carie honnorable
P ar ton sepulchre admirable,
P rens de ta gloire le fruit
E n la louange qui uole
D e celle, qui son Mausole
E terniza d'un hault bruit.
L a France dira sans cesse
L es uertus de sa Princesse:
M ais moy, ie les uanteray,

E t tant les feray s'estendre,
Q u'Arne poura bien entendre
L es uers, que i'en chanteray.

A tresillustre Princesse Madame M AR -
G V E R I T E seur unique du Roy.

Ode I I.

L A saincte horreur, que sentent
T ous ceulx, qui se presentent
C raintifs deuant les dieux,
R endoit ma muse lente,
B ien qu'elle fust bruslente
D e s'offrir à uoz yeulx.
I'admiroy bien la grace,
Q ui montre en uostre face
D es cieux le plus grand soing:
M ais si grandè hautesse
M on humble petitesse
R egardoit de bien loing.
O res, ores le temple
D es Graces, ie contemple
D esia plus d'une fois,
E t la coulonne seure,
O u humblement s'asseure
M on couraige, & ma uoix.

La mon

Là, mon ame incitée,
   L à, mon ame agitée
   D' une diuine ardeur,
   C omme toute ecſtatique,
   P end ce ueu poëtique
   D euant uoſtre grandeur.
D e Dieu la bonté haulte,
   B ien qu'il n'ait de rien faulte,
   R eçoit pourtant à gré
   V ne uolunté grande,
   Q ui fait petite offrande
   A ſon autel ſacré.
S i uoſtre bruit, qui touche
   L e ciel, uole en la bouche
   D e l'Immortalité,
   P ourtant il ne refuſe
   D e ma petite muſe
   L a liberalité.
C hante ma lyre donques
   P lus hault, que ne feiz onques,
   E t parmy l'uniuers
   F ay reſonner ſans ceſſe
   L e nom de ma Princeſſe,
   S eul honneur de mes uers.

A Mellin de Sainct Gelais.

Ode III.

MELLIN, que cherist, & honnore
L a court du Roy plein de bon heur:
M ellin, que France auoue encore
D es Muses le premier honneur:
M es uers, qui souloint resonner
D e Venus les ardentes larmes,
A udacieux uouloint tonner
D e Mars les foudroiantes armes.

Quand le dieu, qui regne en la lyre,
C einct du laurier uictorieux
M e reprist, de uouloir elire
V n œuure tant laborieux.
N e souille point le luc doré
A u sang, qui coule en la campaigne,
O u le dieu en Thrace adoré
P lein de pouldre, et sueur se baigne.

Qui dira d'assez bonne grace
L es trophées de Marignan?
O u l'Espaignol fuyant la face
D u ieune Prince à Carignan?
L a Parque sur noz ennemis
E sbranlant son urne fatale,
E t l'heur que les dieux ont promis
A u grand HENRY, qui les egale?

Que

Que ceux la les batailles chantent
   Plus hault, que le Grec ou Romain,
   Qui la bonne fortune sentent,
   Et l'heur de la royale main.
   Des Indes le premier uainqueur,
   Le soing, qui la ieunesse amuse
   Et l'archer qui blesse le cœur,
   Seront les labeurs de ma muse.
Labeur est en petite chose,
   Mais non petit honneur attent
   Celuy, qui heureusement ose,
   Et Phebus inuoqué, l'entend.
   Si Homere, & Virgile ont pris
   L'honneur de la premiere place,
   Pourtant n'est demeuré sans pris
   Le nom de Pindare, & d'Horace.
Celuy, à qui le ciel n'ottroye
   Le plus fort des Grecz ressembler,
   Qui les superbes murs de Troye
   Fist mile, & mile fois trembler,
   Desdaigner il ne doibt pourtant
   La vertu d'Aiax ancienne,
   Ou celuy, qui en combatant
   Blessa Mars, & la Cyprienne.
Comme la Saone doulce, & lente
   Dedans son sein non fluctueux

C oule beaucoup moins uiolente,
Q ue le fort Rhofne impetueux:
M ellin, tes uers emmielez
Q ui auſsi doulx, que ton nom, coulent,
A u nectar des Muſes meſlez
L' honneur de tous les autres foulent.
C eluy, qui n'a eu fauorable
L a Muſe lente à ſon ſecours,
D' un artifice miſerable
E nfante les ſiens durs, & lours.
P ourquoy donques ſi longue nuit
V eulx tu ſur tes labeurs eſtendre,
O pprimant la uoix de ton bruit,
Q ui malgré toy ſe fait entendre?
T elle eſt la uertu, qu'on palie,
E ſtant à ſoymeſmes cruel,
Q ue la pareſſe enſeuelie
D' un ſilence perpetuel.
S us mon luc, ua toy repoſer
E n la royale MARGVERITE,
Q ue le ciel uoulut compoſer
S ur le protraict d'une Charite.

                                   A treſilluſtre

A Madame MARGVERITE.

D'escrire en sa langue.

Ode IIII.

QICVNQVE soit, qui s'estudie
 E n leur langue imiter les vieulx,
D'une entreprise trop hardie
 I l tente la voye des cieulx.
C royant en des ailes de cire,
 D ont Phebus le peult déplumer,
E t semble à le voir, qu'il desire
 N ouueaux noms donner à la mer.
I l y met de l'eau, ce me semble,
 E t pareil (peut estre) encor' est
A celuy, qui du bois assemble,
 P our le porter en la forest.
Q ui suyura la diuine Muse,
 Q ui tant sceut Achille extoller?
O u est celuy, qui tant s'abuse
 D e cuider encores voler
O u, par regions incongnues
 L e cygne Thebain si souuent
D essoubs luy regarde les nues,
 P orté sur les ailes du vent?
Q ui aura l'haleine assez forte,
 E t l'estomac pour entonner

I usqu' au bout la buccine torte,
Que le Mantuan fist sonner?
Mais ou est celuy, qui se uante
De ce Calabrois approcher,
Duquel iadis la main scauante
Sceut la lyre tant bien toucher?
Princesse, ie ne ueulx point suyure
D'une telle mer les dangers,
Aymant mieulx entre les miens uiure,
Que mourir chez les estrangers.
Mieulx uault, que les siens on precede,
Le nom d'Achille poursuyuant,
Que d'estre ailleurs un Diomede,
Voire un Thersite bien souuant.
Quel siecle esteindra ta memoire,
O Boccace? & quels durs hyuers
Pouront iamais seicher la gloire
Petrarque, de tes lauriers uerds?
Qui uerra la uostre muëtte
Dante, & Bembe à l'esprit hautain?
Qui fera taire la musette
Du pasteur Nëapolitain?
Le Lot, le Loyr, Touure, & Garonne,
A uoz bords uous direz le nom
De ceulx, que la docte couronne
Eternize d'un hault renom.

                              Et moy

Et moy(ſi la doulce folie
    Ne me deçoit)ie te promés.
    Loyre, que ta lyre abolie
    Si ie uy, ne ſera iamais.
MARGVERITE peut donner celle,
    Qui rendoit les enfers contens,
    Et qui bien ſouuent apres elle
    Tiroit les cheſnes eſcoutans.

A treſilluſtre Prince Monſeigneur Re-
    uerendiſſ. Cardinal de Guyſe.
        Ode V.
LE ſentier de la uertu
    N'eſt un grand chemin batu,
    Ou tous uiateurs arriuent.
    C'eſt un ſommet hault, & droiſt,
    Epineux, & fort eſtroiſt,
    Auſſi peu de gens le ſuyuent.
Heureux, qui pour y monter,
    Tout labeur peut ſurmonter,
    Quelque danger, qu'il y uoye.
    Celuy, qui iadis naquit
    D'Alcmene, le ciel aquit
    Ayant eſleu cete uoye.
O Prince bien fortuné!
    Le ciel prodigue a donné
                C ij

C e bon heur à ta ieuneſſe.
I e dy ce meſme bon heur,
D ont à peine a eu l'honneur
L a plus conſtante uieilleſſe.
L e printemps deſſus les fleurs
E n mile & mile couleurs
P eint la premiere apparence
D es fruicts de l'eſté ſuyuant:
M ais les tiens ſont nez auant,
Q ue d'en donner l'eſperence.
D e leurs mains les meſmes dieux
S e ſont peints dedans tes yeulx,
E t en ton eſprit encore:
T on grand Roy le cognoiſt bien,
E t ſa France uoit combien
I l te cheriſt, & honnore.
E t qui n'y eſt inuité
P ar ta doulce grauité?
A qui n'eſt deſia congneue
A uoir tes geſtes duiſans,
M eſme en ces tant ieunes ans
C eſte uertu tant chenue?
Q uel ennemy du François,
Q uelle uille, mais ainçois
Quelle mer, ou quelle terre
N'a congneu iuſques ici

T on pere & freres auſſi,
C es trois foudres de la guerre ?
Qui n'oit encores le nom,
 Qui fait bruire le renom
 D u grand Prelat de Loraine?
 D ont le tige antiq',& beau
 E ſt planté ſur le tombeau
 D e la fameuſe Sereine.
Le mont,qui fut enuoyé
 D eſſus le doz foudroyé,
 N' eſclaire d'un plus grand luſtre
 Q ue ton ſang,deſſus les lieux,
 O u tes couronnez ayeux
 O nt hauſſé le chef illuſtre.

A Monſeigneur Reuerendiſſ. Cardi-
nal de Chaſtillon.
   Ode V I.
QVELLE grande uertu
 M aintenant oſe tu
 C elebrer ô ma Muſe?
 C et œuure humain n'eſt pas,
 E t ton pouuoir trop bas
 S i grand' charge refuſe.
Le luc melodieux
 A bien chante les dieux,
      C iij

E t leurs enfans encore.
C hanton' les donq' aufſi,
E t entre eux ceſtuy ci,
Q ui Chaſtillon decore.
I e ſens deſia combien,
M es uers luy plaiſent bien:
I e ſcay qu'il fauoriſe
C et honneſte labeur,
Q ue retardoit la peur
D e ma ieune entrepriſe.
Q ue diray-ie premier
D e luy tant couſtumier
D' aymer ceux, qui eſcriuent
L es uers laborieux,
P ar qui uiƐtorieux
L es noms au ciel ariuent?
H eureux, qui ſcait gouſter
C e, qui le peut ouſter
Des mains de la mort bleſme.
V rayment il ne mourra,
M ais uiuant ſe pourra
T irer du tumbeau meſme.
M aint Prince, dont le nom
S e taiſt, a eu renom
D euant Charles en guerre.
D' un ſeul Roland ſi fort,

D'un

D' un ſeul Regnaud l'effort
N' a fait trembler la terre.
Maints uiuans ont eu bruit,
D' ont or' la longue nuit
Enſeuelſt la gloire:
Pour ce qu'ils n'ont point eu,
Qui leur morte uertu
Feiſt uiure en la memoire.
Mais ie uouë, & promés
D e n'endurer iamais,
Que l'oubly ſacrilege
M orde ſur mon grand Roy,
S ur ton oncle, & ſur toy,
L' honneur du ſainct college.
I adis le grand Atlas
Q uand ſon dos eſtoit las
S oubs le faix tant moleſte,
S e tenoit bien plus ſeur,
A yant un ſucceſſeur
A ſa charge celeſte.
Hercule ſceut combien,
L e ſecoururent bien
L es flammes puniſſantes,
O d'Egée le filz!
Q uand ſteriles tu feiz
L es teſtes renaiſſantes.

C iiij

E t ta nef bien ſouuent
  F ut maiſtreſſe du uent,
  A yant Typhis pour guide:
  Q uañd tu alois, Iaſon,
  V oir la riche toiſon
  E n la tèrre Colchide.
O grand Mommoranci,
  T u ſeras donq’ ainſi
  A ce Roy noſtre Prince
  L e plus grand des Chreſtiens,
  Q ui deſſoubs luy ſouſtiens
  L e faiz de ſa prouince.
A ngloys, reprenez cœur
  C ontre H E N R Y uainqueur,
  B oulongne eſtant repriſe:
  O ſez encor’ armer
  E t la terre, & la mer:
  V aine eſt uoſtre entrepriſe.
P relat, les fors Iumeaux
  D eſſus les grandes eaux
  L eurs eſtoiles font luire:
  T es deux freres uaillans
  P our France bataillans
  L eurs noms y feront bruyre.
                 L’auantretour

L'auantretour en France de Monseigneur
Reuerendiß. Cardinal du Bellay.

Ode VII.

T V uiendras donq' finablement
 H eureux Prelat, & à ta suite
 R etourneront semblablement
 L'sprit, la uertu, la conduite,
  Q ui te suyuent ou, que tu uoises,
  V eillant aux affaires Françoises.
L es dieux, & les astres außi
 F auoriserent bien la France,
 Q ui en toy feirent naistre ainsi
 L a mesme mort de l'ignorance.
  L e ciel, qui ton esprit admire,
  D edans son ouuraige se mire.
O u est le lieu, qui n'a congneu
 C e grand Langé inimitable?
 D ont le renom est paruenu
 A ux fins de la terre habitable.
  Q ui est celuy nostre auersaire,
  Q ui n'a ueu ce, qu'il scauoit faire?
C æsar a senty mile fois,
 Q ue pouuoit la sage entreprise,
 L a uertu, la plume, la uoix,
 Q u'encores tout le monde prise,

D e celuy,qui n'a ce me semble,
L aißé que toy,qui luy ressemble.
L e ciel cruel,à qui sembla
F rance par uous deux trop puissante,
L as,par mort uous desassembla,
D ont mon ame en est gemissante:
S aichant bien qu'une telle perte
I amais ne sera recouuerte.
C e grand Roy gueres n'admiroit
C eluy,dont Troye se lamente,
Q ui dix Nestors se desiroit,
N on une force uehemente.
L e miel,qui les oreilles touche,
A Nestor couloit de la bouche.
L e saige Grec,dont le parler
S embloit aux neiges hyuernales,
Q ue le Printemps fait deualer
P ar les montaignes inegales,
C ogneut par cent mile trauerses
E t hommes,& citez diuerses.
S a chaste epouze ce pendant
D e poursuyuans sollicitée
F ut bien uingt hyuers attendant
L' heure heureuse tant souhaitée,
Q ui apres la rendit contente
P ar le fruit de sa longue attente.

La France,

L a France, qui bien aperçoit
    C ombien uault un esprit si saige,
    A pres longs trauaulx te reçoit
    A uecques un ioyeux uisaige:
    S i fait ton Roy, bien heureux Prince,
    D' auoir tel homme en sa prouince.
H aste toy donq, & n'atten pas
    Q ue la grand' epaule chenue
    D es Alpes, deçoiue tes pas.
    P aris ioyeux de ta uenue
    I a de loing uenir te regarde:
    M on dieu, que l'arriuer me tarde !
I o ma lyre, io ie ueulx,
    Q u'un tel iour me soit tousiours feste,
    P our payer tous les ans mes ueutz.
    S us donq', qu'un autel on m'appreste
    D' hierre à la racine uelue,
    E t de ueruene cheuelue.
C eluy Macrin, que tu cognois,
    A ux Latins sacra ta memoire:
    E t moy apres ce Loudunoys
    A ux Françoys ie chante ta gloire.
    T ant i'ay desir de uoir en France
    L es Muses faire demourance.
L e Lesbien ses uers sonnoit
    P army les armes non timide,

O u quand à ſa nef il donnoit
R epos ſur le riuaige humide.
P relat, te plaiſe temps elire
P our mes uers ecouter, ou lire.
D es uents encores ſoutenu,
S ortant du maternel boccaige
L'oyſeau par ſentier incongnu
T ente le premier nauigaige
D es ailes, que ſa mere guyde,
L'aſſeurant parmy l'air liquide.
M oy ieune, & encores peu fier
L aiſſant la maiſon paternelle,
A u ciel ie m'oſeray fier
D eſſoubs la faueur de ton aile:
A ile, dont la plume dorée
D e tout le monde eſt adorée.
O la grand' ardeur, que i'auoys
D'appaiſer ma ſoif en cete onde,
Q ui ueit à ſon bord quelquefois
L es dépouilles de tout le monde!
E t la grand' cité, qui encore
A inſi qu'un demy dieu t'adore.
Ie bruloy' tous les iours apres,
A lors que les fieures cruelles
M es oz uont ronger de ſi pres,
Q uilz n'ont quaſi plus de mouëlles.

Ia deſia

I a defia me montroit la Parque
D e Charon la fatale barque.
M ais les dieux n'ont uoulu chaffer
D e moy cet heur tant fouhaitable,
Q ue d'eftre tien, feuft pour paffer
L e froid Caucafe inhofpitable,
O u parmy les ondes auares
L e deftroit des Syrtes barbares.

Contre les Auaritieux.
Ode VIII.

T O Y, de qui la richeffe excede
C elle, qui l'Afrique poffede,
E t les grands thefors non touchez,
Q ui font en la terre cachez,
C ombien que defia foint comprifes
E n ce Palaix, que tant tu prifes,
P lus des deux pars de la Cité,
S i la dure neceffité,
Q ui à toutes les loix renonce,
S es cloux de dyamant enfonce
D effus toy iufq' au dernier point,
T on ferf efprit ne fera point
D e peur deliure, ny ta tefte
D es liens, que la mort t'apprefte.
L e Scyte a plus grande raifon,

Qui ſa uagabunde maiſon
Par tout ou bon luy ſemble,meine:
Et les Gettes durs à la peine
Nature à trop myeux contentez,
Qui ont leurs champs non arpentez:
Et ou la culture annuelle
A chacun n'eſt perpetuelle.
Venus & la forte liqueur,
Qui arrache le ſoing du cueur,
Les uiandes elabourées
Auec ſauces bien ſauourées,
Le ſon du luc, & ſur les eaux
Le doulx ramaige des oyſeaux
N'oſtent de l'or la faim ſacrée
Au cueur ambicieux ancrée,
Qui iamais ne ſent en ſon oeil
Couler l'emmiëllé ſommeil.
Le doulx ſommeil plus toſt habite
La maiſonnette humble & petite
Du berger, ou du laboureur,
Que le Palaiz d'un Empereur.
La mer, qui eſt tempetueuſe
Par la deſcente impetueuſe
De l'Arcture, ou par le leuer
Du Bouq, ne ſceurent onq'greuer
Celuy,qui d'aſſez ſe contente.

La greſle

L a gresle, qui deçoit l'attente
D u uigneron, le champ trompeur,
L arbre sans fruict, ne luy font peur:
S oit que la terre soit bruslée
D u chault, ou par l'hyuer gelée.
P ourquoy en auroit il ennuy,
P uis qu'immortelz ainsi que luy
S ont les biens, ou son cueur il fiche?
O l'homme heureux! ô l'homme riche!
S i les honneurs ambicieux,
L es Palaiz eleuez aux cieux,
L e doulx n'ectar, & l'ambrosie,
N e contentent la fantaisie
D e celuy, qui nourist le soing
D' un cœur à soymesmes tesmoing,
P ourquoy hausseray- ie les uoiles
D essoubz la faueur des etoiles?
P ar mile & par mile dangers
S uyuant les thesors etrangers,
E t la pauureté renaissante
A uec la richesse croissante.
V ole donq' auare marchant
D es Indes au soleil couchant,
E t du septentrion encore
I usq'au bord de la terre more
C erne le tour continuel

S i tu ueux, de l'aſtre annuel
A uecques un labeur extreme,
E t te fuy ſi tu peux, toymeſme.
P ourtant ſi ne fuiras tu pas
L e ſoing, qui te ſuit pas à pas,
E t la crainte, qui tourne, & uire
L e gouuernail de ta nauire.

    M oy, que la Muſe ueult aimer
P ar les uents ie feray ſemer
T out le ſoucy, qui me fait guerre,
D eſſus l'ennemie Angleterre,
O u regne l'horrible fureur
D' Erynnis, auec' la terreur
D es armes, & de l'entrepriſe
D e H E N R Y, que Mars fauoriſe.

A Bouiu.

Les conditions du uray Poëte.

Ode I X.
B O V I V, celuy que la Muſe
   D' un bon œil a ueu naiſſant,
   D e l'eſpoir, qui nous abuſe,
   S on cœur ne ua repaiſſant.
L a faueur ambitieuſe
   D es grands, uoluntiers ne ſuit,
           Ny la

N y la uoix contencieuſe
D u Palaiz, qui touſiours bruyt.
S a uertu n'eſt incitée
A ux biens, que nous admirons,
E t la mer ſollicitée
N' eſt point de ſes auirons.
L a vieille au uiſaige bleſme
I amais greuer ne le peult,
Q ui ſe tormente elle meſme,
Q uand tormenter elle ueult.
S on etoile ueult qu'il uiue
T ouſiours de l'amour amy,
M ais la uolupté oyſiue
N e la oncques endormy.
I l fuit uoluntiers la uile,
I l hait en toute ſaiſon
L a faulſe tourbe ciuile
E nnemye de Raiſon.
L es ſuperbes Colliſées,
L es Palaiz ambicieux,
E t les maiſons tant priſées
N e retiennent point ſes yeux.
M ais bien les fontaines uiues
M eres des petits ruiſſeaux
A u tour de leurs uerdes riues
E ncourtinez d'arbriſſeaux

D

D ont la frescheur, qui contente

  L es beufz uenans du labeur,

  D e la Canicule ardente

  N e sentit onques la peur.

I l tarde le cours des ondes,

  I l donne oreilles aux boys,

  E t les cauernes profundes

  F ait rechanter soubs sa uoix.

V oix, que ne feront point taire

  L es siecles s'entresuiuans:

  V oix, qui les hommes peult faire

  A eulx mesmes suruiuans.

A insi ton bruyt qui s'ecarte,

  B ouiu, tu feras parler,

  A insi ta petite Sarte

  A u mesme Pau s'esgaler.

O que ma Muse a d'enuye

  D' ouyr (te suyuant de pres)

  L a tienne des boys suyuie

  C ommander à ces forestz?

E n leur apprenant sans cesse,

  E t à ces rochers ici

  L e nom de nostre Princesse,

  P endant que ma lyre aussi

C ete belle MARGVERITE

  Sacre à la posterité,

                  Et la

E t la vertu, qui merite
P lus d'une immortalité.
O l'ornement delectable
   D e Phebus! ô le plaisir,
   Q ue Iupiter à la table
   S ur tous a voulu choysir!
L uc, qui eteins la memoire
   D e mes ennuitz, si ces doigtz
   O nt rencontre quelque gloire,
   T ienne estimer tu la doibz.
O u me guidez vous Pucelles,
   R ace du Pere des Dieux?
   O u me guydez vous les belles,
   E t vous Nymphes aux beaux yeux?
F uyez l'ennemy rivaige,
   G aignez le voisin rocher:
   I e voy de ce boys sauvaige
   L es Satyres approcher.

De l'Innocence, & de n'attenter contre
la mageste divine.
Ode X.

Q V I vers le ciel les mains renversera,
L' œil, & le cœur, & la doulce faconde,
D es bienheureux le plus heureux sera,
E t la fureur de l'air ne blessera

S es blez ioyeux, ny ſa uigne feconde.
I l ne craindra le bras du fier Angloys,
 Q ui ſa uertu porte encloſe en ſa trouſſe.
 B eſoing n'aura du fidele carquoys
 P lein de ces traiĉts , que ſouuent l'arc turquoys
 E nuenimez contre l'ennemy pouſſe.
D' un mur d'airain ſon cœur enuironné
 L a froide peur ne peindra dans ſa face,
 S oit que le pere ait en fureur tonné,
 O u que le uent ſoubs la terre entonné
 L es fondements du monde trembler face.
C eluy, qui a engraué bien auant
 D edans ſon cœur la coulpe uengereſſe,
 S on peché palle il uoit courir deuant
 L es pieds aiſlez de la peine ſuyuant'
 Q ui ia deſia les deux talons luy preſſe.
I l ſent encor' les furieux ſerpens,
 A uec' l'oiſeau qui te ronge, & moleſte
 T oy, dont le corps couure bien neuf arpens:
 E t toy auſſi, qui en uain te repens
 D u larecin de la flamme celeſte.
C e fut au temps, que ce languiſſant corps
 S entit premier les fieures tant cruelles.
 M ile malheurs, mile ſortes de morts
 L e ciel uengeur feiſt deſcendre, & alors
 L a mort boyteuſe à ſes piedz miſt des aiſles.

       Que n'ont

Que n'ont osé les hommes attenter
   Contre les dieux? cet audacieux feuuré
   De l'air iadis le uyde osa tenter:
   Mais bien l'enfer ne se peult exempter,
   Que son obscur mesmes on ne descœuure.
Celuy uraymеnt contre dieu sesleua,
   Qui feist premier le tonnerre imitable:
   Ce feut celuy, qui le canon trouua,
   Et salmonée encores eprouua
   De Iuppiter la foudre ueritable.
A son dommaige Orion quelquefois
   Tenta la Vierge aux forests tant congnue,
   Troys cens liens enchainent Pirithoys,
   En mesme erreur Ixion, tu estoys,
   Quand tu aimas la trompéresse nue.
Et qui ne scait, comment le Roy des dieux,
   Dont le sourcil fait trembler ciel, & terre,
   Brisa iadis l'escadron furieux,
   Qui pour monter au ciel uictorieux
   Osa dresser la sacrilege guerre?

      Au seigneur du Boysdaulphin mai-
         stre d'hostel du Roy.

Les Roys sont enfans des Dieux,
   Les Dieux les Roys fauorizent,
               D iij

E t bien sont uouluz des cieux,
Q ui les honnorent, & prisent.
C eux, qui des Roys ont la grace,
N' ont pas un petit bonheur,
E t qui honnore leur face,
A ux Roys mesmes fait honneur.
T on Prince, qui bien entend
L a grandeur de ton merite,
S ur toy sa faueur estend,
F aueur, qui n'est pas petite.
M ais qui bien te congnoist ores,
E t n'est aussi congnoissant
L' esprit, qui est plus encores
Q ue son corps, apparoissant?
M a lyre, qui sceut chanter
N' agueres des Roys la gloire
S' ose encores bien uanter
D' eternizer ta memoire.
L a nature me feist naistre
D e ton sang non gueres loing,
E t à uertu me fait estre
D e tes honneurs le tesmoing.
C eluy, qu'amour de soy poingt,
S a figure ait contrefaicte:
L e tableau ne parle point,
E t la statue est muette.

L es uers iamais ne se taisent,
D e uers pauure ie ne suis.
L es uers (Boysdaulphin) te plaisent:
D es uers donner ie te puis.

A   Carles.

Ode XII.

L A I S S E de celuy les dangers,
   Q ui ueit maintz peuples estrangers,
   A pres auoir donné en proye
   L es murs de la fatale Troye.
I l fault plus grand œuure mouuoir,
   E t tu en as bien le pouuoir
   C arles, dont la Muse prisée
   E st du Roy tant fauorisée.
L a donc' fay ta plume uoler
   P our France, & son Prince extoler:
   E t auec une uoix hardie
   S onne l'Angloyse tragedie.
T u pouras bien tout à loisir
   L e uent, & la saison choisir,
   P our ramener au port d'Itaque
   L e pere au saige Telemaque.
L e grand uainqueur de l'uniuers,
   D ist le Grec gisant à l'enuers,

D   iiij

B ien heureux, dont ſa gloire inſigne
T rouua d'Homere la buccine.
O Prince heureux, ou que tu ſoys,
T on ſiecle, & ton peuple Françoys,
E t heureux tous ceulx dont tu parles,
O la docte Muſe de Carles!
Q ui euſt congneu les longs erreurs,
E t les belliqueuſes terreurs,
O u la uertu preſqu'incroyable,
D e ce grand Troyen pitoyable.
Q ui euſt ſceu de Mars les enfans,
L eurs lauriers, leurs chars triumphans,
S i ores l'enuieux ſilence
A leurs noms faiſoit uiolence?
L es ſepulchres laborieux,
C olloſſes, Arcz uictorieux,
E t les batailles engrauées
S ur les columnes eleuées:
L a main du peintre, & la faueur
D e l'ingenieux engraueur,
L e tableau, le marbre & le cuyure,
Q ui font les hommes deux fois uiure,
N e ſçauroint ſi bien exprimer,
C e, qui HENRY fait eſtimer,
C omme le ſonnent en leur onde
L es flots de la docte Gyronde.

I'oy la

I' oy la buccine à cete fois,
　A uec l'epouantable uoix
　D u canon, qui l'oreille étonne,
　E t le hault phyfre, qui refonne.
I a le harnois refplendiffant
　F ait peur au cheual haniffant,
　E t aux yeulx du fouldard timide,
　Q ui fait de fang la terre humide.
I e uoy les uainqueurs cheualiers
　A rdents au milieu des miliers,
　S ouilleʒ des pieds iufqu'a la tefte
　D' une pouldre non dehonnefte.
Q uel champ par la main de Valoys
　N' eft engreffé du fang Angloys?
　Q ui n'oit le bruit, que fait la terre
　S oubs la ruine d'Angleterre?
Q uel deftroict, quel haure, & rocher
　N e uoit les nefʒ s'entreacrocher?
　S ur l'onde le flotant bagaige,
　E t le feu qui la mer facaige?
M ais affin, luc trop couraigeux,
　Q ue tu ne delaiffes tes ieux,
　C effe ton chant, ou bien accorde
　V n plus doulx fon deffus ta chorde.

A Heroet.

Ode XIII.

LES Thraces chantent leur Orphée,
  L a Grece encores se debat
  D e cil, qui du Troyen combat
  D ressa le superbe trophée.
Thebes encor' est glorieuse
  D u luc sur tous le mieulx appris,
  Q ui donne en Olympe le pris
  D e la palme uictorieuse.
P aris, mais bien la France toute,
  D e Seine oit tous les iours le son,
  Q ui fait de toy mainte chanson,
  Q ue nostre siecle heureux ecoute.
H eroët aux uers heroïques,
  (suiect urayment digne du ciel)
  Q ui en doulceur passent le miel,
  E n grauité les fronts stoïques.
T a muse des Graces amye,
  L a mienne à te louer semond,
  Q ui sur le hault du double mont
  A s erigé l'Academie.
S i l'on doibt croire à Pythagore,
  Q ui les corps fait reanimer,
  O n peut, Heroet, estimer
  E n toy celuy reuiure encore,

A qui

A qui iadis dedans la bouche
  Les abeilles aloint formant
  Le miel, lors qu'il eſtoit dormant
  Encor' enfant dedans ſa couche.
Tu as rompu l'arc, & la trouſſe
  Du ieune archer malicieux,
  Qui bleſſoit la terre & les cieulx,
  Luy baillant nature plus doulce.
Venus, qui n'a plus de puiſſance,
  En uain par tout cerche ſon filz,
  Que n'agueres uoler tu feis
  D'icy, au lieu de ſa naiſſance.
Sus, Muſes que l'on enuironne
  Le front ſcauant de cetuici,
  Qui a bien merité auſſi
  De uoz mains receuoir couronne.
Voz mains donques la luy compoſent
  Non du uictorieux laurier,
  Mais du pacifique oliuier,
  Deſſoubs qui les loix ſe repoſent.

A Mercure, & à ſa lyre.
Pour adoucir la cruauté de ſa dame.
Ode XIIII.
NEVEV d'Atlas, qui donnas le pouuoir
Au uieil Thebain des pierres eſmouuoir,

E toy encor' ô coquille doreé
D es plus grands Roys au uieux siecle adoreé,
   M ontre moy les accords
   D es accordans discords,
   D' ont ma doulce ennemye
   Se puisse emerueiller,
   Et face reueiller
   Son oreille endormie.

E ll' fuit ainsi, que la ieune iument,
Q ui ua l'ardeur de cheuaulx allumant
D eça delà, iouant par les campaignes,
O u sur le doz des prochaines montaignes.
   D es noces le doulx point
   E ncores ne la poingt
   (L a sauuage & farouche)
   M ais d'un pié non oisif,
   F uit le mary lascif,
   D e peur qui ne la touche.

T u peux mener les compaignes forestz:
T ygres, lyons te uont suyuant de pres:
E t soubs ton chant les riuieres bruyantes
H aussent la bride à leurs ondes fuyantes.
   L e portier aboyant
   T es chansons feut oyant,
   B ien que sa teste porte
   S erpens pleins de laideur,

               Et que

E t que puante odeur
D e ses trois gueulles sorte.
L e grand Tytie à l'oeil fier & hydeux,
E t Ixion rirent en depit d'eulx.
L a rouë aussi, qui iamais ne s'arreste,
A uec la pierre à t'escouter feut preste.

   L a doulceur de ta uoix
   A rresta quelquefois
   L e Bussart tousiours uyde,
   C ependant que chantant
   T u alois esbatant
   L a race Danaïde.

E coute donq' de ces uierges ici
L a cruauté, & les tourments aussi,
C elle qui m'est en plus cruelle peine,
Q u'a leur maris cete gent inhumaine.

   D ont l'une seulement,
   Q ui mentit noblement
   A son pere infidele,
   V aloit bien, que le fruit
   D e nuptiale nuit
   N e feust eloingné d'elle.

S us, leue toy (tout bas dist elle adonc
A u ieune epoux) que ton sommeil trop long
T out maintenant par la tourbe cruelle
N e soit mué en nuit perpetuelle.

D efia toutes ont mis
L eurs espoux endormis
A mort(les inhumaines)
L a lyonne courant
A insi ua deuorant
L es ueaux parmy les plaines.
M oy,que pitié & l'amour de toy poingt,
O mon amy ! ie ne t'occiray point.
H aste toy donq' ta uie helas ie n'ose
T enir ici plus longuement enclose.
s oint de pesans liens
c hargez les membres miens,
O u face que i'endure
E xil perpetuel
L e mien pere cruel,
P our n'auoir esté dure.
F uy de rechef,ou le uent te conduit,
F uy ce pendant que Venus, & la nuit
D onnent faueur à ta course hastiue.
I e demouray en ta place captiue.
s ur mon sepulchre au moins
G raue ces pleurs tesmoings
D e mon amour extreme:
T esmoings dor'enauant,
Q ue ie t'ay fait uiuant
P ar la mort de moymesme.

La louange

La louange du feu Roy FRANCOYS, et
du treschrestien Roy HENRY.

Ode XV.

COMBIEN tu doibs France, à ceulx de Valoys,
　T esmoings en sont les armes, & les loix,
　Q ui ont fleury soubs FRANCOYS, ainsi côme
　I adis en Crece, & soubs Auguste à Romme.
C'est luy, qui a de ce beau siecle ici
　C omme un soleil, tout l'obscur eclairci,
　O stant aux yeux des bons espriz de France
　L e noir bandeau de l'aueugle ignorance.
C' est luy premier, qui du double coupeau,
　A ramené des Muses le troupeau
　P our consacrer à leur mere, la gloire
　D u Lot, du Loyr, de la Touure, & de Loyre.
S i n'a-il point un plus grand œuure faict,
　Q ue de laisser un enfant si parfaict
　C omme ce Roy, qui rendra eternelle
　P ar sa uertu, la uertu paternelle.
C omme l'oyzeau de prodige annonceur
　D u blond Troyen fidele rauisseur,
　A qui des dieux le souuerain otroye
　L es uagabonds uolatiles en proye,
D es plus doulx uents au printemps soutenu
　V ole hardy parmy l'air incongnu

S i toſt que l’aage, & uigueur paternelle

D ehors le nyd ont esbranlé ſon aile,

S uit les oyzeaux, puis faict plus couraigeux,

O ſe aſſaillir les ſerpents outraigeux:

T el fut ſenty, & tel ſera encore

C e nouueau Roy, que noſtre ſiecle adore.

L a biſche ainſi, ou le ieune cheual

O nt ueu de loing deſcendre contreual

L e lyonceau hardy, qui les deuore

A uec’ ſes dents innocentes encore.

Q ui toſt apres oſe en fureur ſaillir,

P our les taureaux indomtez aſſaillir,

E t appaiſer par le ſang, qu’il en tire,

S a longue faim, & l’ardeur de ſon ire.

I adis Angloys, iadis preuue tu feis,

Q ue c’eſt d’auoir de François eſté filz,

E t combien uault la bonne diſcipline

A u naturel, qui à uertu s’incline.

M aintenant donq’ eprouuer tu peux bien

P ar la grandeur de tes pertes, combien

D’un ſi grand Roy peult la ſaige entrepriſe,

E t la uertu, que le ciel fauoriſe.

'A Madame la Conteſſe
de Tonnerre.
Ode XVII.

HAVLTE urayment dire i'oſe
   T rois, & quatre fois la choſe,
   O u les feminins eſpris
   N' ont peu quelquefois attaindre.
   B ien doit donq la cheute craindre,
   Q ui a tel œuure entrepris.

D ieu leur a donné des ailes,
   Q ui ſont bien aſſez iſnelles,
   P our uoler iuſques aux cieux.
   Q uelle grandeur de couraiges?
   D e leurs belliqueux ouuraiges
   T eſmoings feurent noz ayeux.

L e bruit iuſqu'ici reſonne
   D e celle braue Amazone,
   Q ui par l'eſpez des miliers
   A Mars ſe donnant en proye,
   F iſt rougir les champs de Troye
   A u ſang des Grecz cheualiers.

D es ans uiuront mil' & mile
   L' Aſſirienne, & Camille.
   Q uel marbre, quel dyamant
   E ſt plus dur que la memoire,
   Q ui garde encores la gloire

E

De Marphize,& Bradamant?
Thebes encore se uante
De sa Corinne scauante.
Sur toy Pindare mordoit
La doulce lyre ancienne,
Que la fille Lesbienne
Si doctement accordoit.
Celle,qui fist plus feconde
De ses enfans la faconde,
Romme,en memoire tu l'as.
Mainte autre n'est plus prisée,
Qui se ueit fauorisée
De l'une,& l'autre Pallas.
O plumes trop enuieuses,
Qui es eaux obliuieuses
Laissez noyer le renom
De tant de celestes dames,
D'ont ores les tristes lames
Couurent le corps,& le nom!
Combien sont mieulx fortunées,
Qui en cet age sont nées,
Ou maint gentil ecriuant
A bien osé entreprendre
Par ses doctes uers,de rendre
Leur hault honneur suruyuant?
La uertu est trop seuere,

Qui la muſe ne reuere.
La muſe aime la uertu.
Tu ne uerras donq' conteſſe,
Deualer de ſa hauteſſe
Ton loz par mort abatu.
Qui publira les louanges
Des noſtres, ou des eſtranges,
Et de toy ne chantera
L'eſprit, la doulceur, la grace,
Dont la genereuſe race
De Clairmont ſe uantera?
C'eſt pourquoy mes uers aſpirent
Ou tes louanges les tirent:
Bien que ton ſcauoir ſoit tel,
(Si tu le ueulx entreprendre)
Que ton renom ſe peut rendre
Par toymeſmes immortel.

FIN.

E ij

CAELO MVSA BEAT.

BRIEVE EXPOSITION DE QVELQVES

*paſſaiges poëtiques les plus difficiles contenuz
en cet œuure.*

Ian Prouſt Angeuin au lecteur s.

IE nay (lecteur) entrepris ce petit labeur pour
enſeigner Minerue, ceſt à dire les doctes, qui n'ōt que
faire de telles expoſitiōs, meſme ſortātes de telle māi,
qui ay plus grād beſoing d'eſtre enſeigné, q̃ d'enſeigner, et qui entēs auſsi peu les choſes haultes, et diffi
ciles, cōme i'ay bon uouloir de les entēdre. Mais uou-
lāt ſatiſſaire au plaiſir, & cōtentement de pluſieurs
bōs iugemēs, nō toutefois exercitez en la lecture des
poëtes, et ſingulieremēt pour ſoulaiger l'hōneſte labeur des dames, et damoizelles, qui uolūtiers aimēt
à lire choſes exquiſes, et nō uulgaires, ayāt (dy-ie) tel
uouloir, qui à leurs ſeruices des le iour de ma naiſſā-
ce ſuis entieremēt dedié, ie me ſuis auanturé de leur
mettre en auāt ce petit traicté, qui nō ſeulemēt leur
poura faire entēdre la plus grād' part de la conceptiō
de ce poëte, mais encores leur poura ouurir quelque
chemin pour paruenir à l'intelligence de plus grandes choſes. Or ſi elles treuuent ici quelque plaiſir, ou
profit, en ſaichēt premierement gré à l'autheur, & à
l'expoſiteur ſecondemēt ueillent ottroyer leurs bōnes
graces, auſquelles ie me recōmāde auſsi humblemēt,
cōme de bon cœur ie leur fay ce petit preſent, les ſup-
pliant auſsi de meſme affection le receuoir.

Du Prosphonematique.

C E tiltre est pris du grec, & signifie au tant que salutation. Dionys. Halicarnaß.a fait un traicté des Prosphonematiques, parlāt des salutatiōs, qu'on fait aux Roys, & grands seigneurs aux entrées de leurs uilles, & prouinces. Il ne fault trouuer estrāge la nouueauté du terme, ueu que les Latins ont pris des Grecs les noms de leurs proësmes, & que nostre langue depuis peu de temps a desia receu O D E, E P I T H A L A M E, P A N E G Y R I Q V E, & autres. L E S sources de Pegaze) Pegaze est une fō 7 taine dicte de Pegazus le cheual uolant, pource qu'il la fist sortir frapant du pied contre la terre. Son eau donne esprit, & uigueur aux poëtes.

Sainct Parnaze) C'est une mōtaigne en la region de Theßalie. Les I X Muses, qui sont filles de Iupiter, & de la Déeße Memoire, inuētrices des Ars liberaux y font seiour auecques Apollon le Dieu des sciences. Bras Angeuin.) l'Autheur designe le lieu de sa natiuité. Vostre arc diuin) Le poëte Pindare attribue un arc aux Muses, appellāt flesches les beaux uers, qu'elles chantent.

De l'un à l'autre pole.) De l'un à l'autre Hemisphere. Ce sont les deux poincts, sur qui les Astro

logiens font tourner la sphere, & s'appellēt l'un
7 arctique, et l'autre antarctique. Ce traict puiſ
ſant)C'eſt le uers heroique le plus graue de tous,
comme celuy, qui chante uoluntiers les louanges
8 des dieux, & des roys. La grand Ceres) C'eſt
celle, qui premierement enſeigna l'uſaige du blé
aux hōmes: elle eſt nōméé Ceres aux blonds che
ueux, deſignant la couleur, qu'ont les bleds ap-
prochāts de leur maturité. Bacchus auſſi)Il fut
filz de Iupiter, & de ſemelé : il monſtra premier la maniere de planter la uigne. Il eſt courō-
né d'hyerre, & de pāpre, & fait mener ſon char
9 par des tygres. les Satyres le ſuyuēt. L'io trium
phal.)Phebus encores ieune ainſi qu'il cōbatoit
le ſerpēt Python, le peuple luy crioit, ἴει παῖ. c'eſt
à dire, tire, frape, ou ἴει παῖ, tire enfant. Depuis
muant quelques lettres, on en fiſt IO Pæan accla
mation uſurpée premieremēt és hymnes d'Apol
lon, & apres és triumphes, & ioyes publiques.
10 De l'Aurore.)C'eſt l'aube du iour, qu'on nomme la meſſagere du ſoleil, c'eſt pourquoy on luy
attribue la couleur uermeille. Nouueaux enfans.)Les Geans filz du ſoleil, & de la terre, qui
par haultes montaignes s'efforcerent d'eſcheller
le ciel, & en chaſſer Iupiter le ſouuerain des
dieux

dieux, qui le precipita auecques sa fouldre.

Marne peignoit) Il feinct poëtiquement trois Nymphes soubs le nõ de trois riuieres les plus fameuses de celles, qui descendent en Seine.   Tage, & Pactol') deux fleuues de Lydie, qui roulent l'or auecques leurs arenes.   De l'Abondance) C'est la corne de la cheure nommée Amalthée, qui feut nourrice de Iupiter, ou celle, qu'Hercule rompit au fleuue Acheloys transformé en taureau : les Nymphes Naiades la remplirent de toutes especes de fleurs, & de fruicts, & feut pour ceste raison nommée la corne d'Abondance.   Alpes chenues) Pource qu'elles blanchissent de perpetuelle neige.   Palas y est) C'est la Déesse de sapience : pource ont feint les anciens, qu'elle nasquit du cerueau de Iupiter. Elle est encor' appellée Bellona, c'est à dire déesse des armes. Aussi est elle tousiours armée. Elle estoit anciennement fort honnorée en Athenes. Elle s'appelle autrement Minerue.   Riuaiges Ascrées.) d'Ascra uile d'Hesiode ancien poëte Grec, qui donna grand comencement aux fables poëtiques. La belle uierge) C'est la uierge Astrée, qui regnoit du tẽps du siecle doré. Les poëtes feignẽt quelle s'en uola au ciel auecques les uertuz, quãd

11

12

E iiij

13   *Pandore ouurit sa boëte fatale. Vierges fatales.)*
Qui tiennent la uie, & les destinées des hõmes.
Elles sont trois, Clotho, Lachesis, & Atropos, &
sont filles de Demogorgon l'anciẽ pere des dieux.
    De Nerée.)C'est un dieu marin filz de l'Ocean,
& de la grand' Thetis. Horace en ses Odes l'in-
troduit predisant la ruyne de Troye à Paris, lors
que par mer il emmenoit la belle Helene.   *Du*
monarque Romain.)d'Auguste Cæsar, soubs l'em
pire duquel florissoint à Romme les ars, & sciẽ
14   *ces, & la paix uniuerselle.*   *Le beau Croissant.)*
C'est la deuise du Roy treschrestien, qu'il porte
auec ces mots. DONEC   TOTVM   IM-
PLEAT ORBEM.   *Flesches Françoises.) Il*
porte aussi les fleches, l'arc, & la trousse de Dia-
ne.   *Le leopard.)Ce sont les armes du Roy d'An*
gleterre. Vn lieu se treuue.) C'est la Mauritai-
ne Ethiopie, ou le geant Atlas soustient le ciel a-
uecques ses epaules.   *De Ianus.)Il y auoit anciẽ*
nement à Rõme un temple dedié au dieu Ianus.
La estimoint les Romains la guerre estre enfer-
mée, de sorte que iamais ils ne la commençoint
aux estrangers, que premierement auecques les
ceremonies accoustumées ils n'eußent ouuert
les portes de ce temple, qui feut pour la secon-
de fois fermé du temps d'Auguste Cæsar.   *Et*
                                 de laurier.)

Et de laurier.) Il deſigne l'un, & l'autre tẽps:
pource que les uictorieux capitaines eſtoint cou
ronez de laurier, & que les ambaſſadeurs de la
paix portoint rameaux d'Oliuier.   La foy che- 15
nue) pource, que plus uoluntiers elle ſe treuue és
hommes chenuz plus conſtans que les ieunes.

Du Chant triumphal.

. Le fort Iaſon.) Iaſon en la conqueſte de la toi- 17
ſon d'or, ayant par les enchantemens de Medée
tué le fatal ſerpẽt, il en ſema les dentz, dont tout
ſoudain ſortirent de terre hommes armez.   Hydre iadis.) C'eſtoit un ſerpent aquatique ayant
pluſieurs teſtes. Hercules le deffiſt, & quãd il luy
abatoit une teſte, il en reuenoit deux.   De la Tamiſe.) C'eſt le fleuue, qui paſſe à Londres uile ca
pitale d'Angleterre.   Hercule ainſi.) Hercules 19
pour auoir dompté les monſtres, & Tyrans, c'eſt
à dire les uices, feut mis au rang des Dieux, cõme
ont eſtimé les anciens, qui de ce nom appelloint
uoluntiers les hommes uertueux.   Et des Iumeaux.) Caſtor, & Pollux enfans de Iupiter, &
de Leda: Ils ſont le ſigne de Gemini, & quãd ilz
apparoiſſent enſemble, c'eſt un certain preſaige
de beautemps aux mariniers.   Noſtre Neſtor.)

C'eſtoit le plus ancien, & experimenté chef de
guerre, qui feuſt en l'armée des Grecz contre les
Troyens. La parole luy couloit de la bouche plus
doulce, que miel: brief il eſtoit tel, qu'Agamemnõ
Prince de Grece ſouhaitoit d'auoir non x. Aiax,
bien qu'apres Achille Aiax feuſt le plus fort des
Grecz, mais x. Neſtors, ne doutãt point que par
20 leur moyẽ Troye ne feuſt biẽ toſt priſe. Du noir
Pluton.) C'eſtoit le troyzieme filz de Saturne. il
eut pour ſon partaige la region des Enfers . Les
Gaulloys anciennemẽt ſe diſoint eſtre uenuz de
luy, & l'appelloint Dis, ou l'Autheur (peut eſtre)
faiĉt alluſion le diſant eſtre maintenant fauorable aux Françoys.   Les filles d'Acheron) Les
troys Furies filles du fleuue infernal Acheron, et
de la nuiĉt. On leur attribue des flambeaux, &
des fouetz, dõt elles tormentẽt les umbres dam-
nées. En lieu de cheueux, elles ont des ſerpens.
tout cela ne ſignifie autre choſe, que les remords
des conſciences coulpables.   Mars les anime)
C'eſt le Dieu des batailles, que Iuno femme de
Iupiter, ſelon l'opinion d'aulcuns, cõceut du ſeul
21 attouchement, & odeur des fleurs.   Io Paris.)
22 Voy au Proſpho. en ces motz, l'Io triumphal.
    Les uers ſucrez) Les uers lyriques plus doulx,
que les autres, pour eſtre de meſeure plus gaillar-
de, &

de, & legiere. On les chantoit anciennement
sur la lyre, maintenant sur le luc, sur tous in-
strumentz estimé aux cours des Princes, &
grands seigneurs.   Et le Thebain) Pindare an- 22
cien poëte lyrique natif de Thebes, que pour sa
mageste, & grandeur de style on a dict estre
inimitable.   De marbre noir) soubz l'alego-
rie d'un temple de marbre il promet de faire un
oeuure à la louange du Roy treschrestien : lequel œuure sera immortel , & comme le marbre durable contre les iniures du temps. il bastist
ce temple de marbre blanc, & noir, designant
les couleurs du Roy: pourquoy en forme de croissant, uoy au Prospho . uers la fin en ces motz,
Le beau croissant. il encourtine l'autel de laurier , & d'hyere , pource que les poëtes s'en
couronnent.   Il dict, ou Loyre plus profunde)
pource qu'entre Angers, & Nantes (qui est le
paiz de l'autheur) Loyre approchant de la mer
se faict tousiours plus profunde.   L'humide 23
lict) l'Ocean britannique, ou les poëtes feignent
que le soleil se ua baigner, à l'heure qu'il decli-
ne de nostre Orizon.   Le prebstre ie seray)
ceux, qui anciennement celebroint les louanges des Dieux, & des grāds Princes, estoint nōmez Prebstres, cōme Musée, Orphée, Pindare, &

autres, pource, qu'ils eſtoint ſacrez à Phebus, & aux Muſes.

Des uers lyriques.

De l'Ode I.

24 Qu'Herme tourne.)Herme eſt un fleuue de Ly
25 die, qui a le ſable doré.   ſur la riue obliuieuſe)
C'eſt le fleuue nõmé Lethés, ou les ames, qui ſelon l'opinion de Pythagore anciẽphiloſophe, de-
uoint réanimer les nouueaux corps, beuuoint
l'oubly de toutes les choſes, qu'autrefois ilz a-
uoint ueu au monde. Par les corbeaux il entent
les mauuais poëtes: par les cygnes les bons, pour
ce que le cygne eſt dedié à Phebus le Dieu des
Poëtes. ſi tu ueulx entendre ceſte allegorie, uoy
l'Arioſte en ce chãt, ou Aſtolphe ua querir le ſens
26 de Roland en la ſphere de la lune.   Celle ou ferrare.)Madame la Ducheſſe d'Aumale bien digne
pour ſon ſcauoir d'eſtre miſe au ranc des ix. Muſes.   Celle Tramontane.) C'eſt l'ourſe maieur,
qui eſt au pres du pol arctique, les aſtrologiẽs,&
mariniers la congnoiſſent.   De montrer quaſi
la nuict) C'eſt la mort, pource qués regions baſ-
ſes les umbres ſelon les fictions poëtiques ſont
27 condamnées à perpetuelles tenebres.   Lucrece)
l'hiſtoire

l'hiſtoire de Lucrece eſt congneue. Valere l'appel
le le chef de la chaſteté Romaine.   Et ta Penélo-
pe)Ce feut la femme du ſaige Vlyſſes immortelle
par la renõmée de ſa chaſteté:elle endura beaucoup d'oultraiges de ſes pourſuyuans, attendant
le retour de ſon mari, qui feut bien X X. ans ab-
ſent d'elle.   Toy Pont.) Il parle d'Hipſicratée fem
me de Mithridates Roy de Pont:elle porta ſi gran
de affection à ſon mari,qu'elle ſe feiſt tondre, &
priſt l'accouſtrement d'un ſouldard pour ſuyure
ſon dict mari à la guerre.   Et toy Carie) Arte-
miſe femme de Mauſole Roy de Carie,fiſt baſtir
le fameux ſepulchre, qu'on appelle le Mauſéole,
pour rendre eternelle la memoire de ſon mary.
   Qu'Arne) Ceſt le fleuue, qui paſſe à Florence 28
ennoblie par le treſilluſtre nom de Medicis.

De l'Ode 11.

Des Graces.)Les Graces,ou ſelõ le grec les Cha- 28
rites,ſont les trois pucelles, qui ſuyuent la Déeſſe
d'Amour.La 1.s'appelle Aglaïe,qui ſe peult inter-
preter maieſté.La 11.Euphroſine,c'eſt autant cõme lieſſe,et ioyeuſeté.La 111.Thalie, on la peult
entendre pour une certaine gaillardiſſe, ſoit en
geſtes, ou en paroles.Quelques uns y adiouſtent

Pitho, qui eſt la Déeſſe de perſuaſion:les aultres
Paſithée, c'eſt côme ſi on diſoit toute diuine, &
qui comprent en ſoy la maieſté, la ioyeuſeté, gail-
lardiſe, & faconde de toutes les autres.

De l'Ode I I I.

30   Quãd le Dieu, qui regne en la lyre) C'eſt Apollon premier inuenteur de la Muſique. Les poëtes
luy baillẽt une harpe dorée, dont il ioue à la table des Dieux.   En Thrace adoré) Mars le Dieu
des batailles, qui ſelõ aucuns fut nourri en Thrace nommée des poëtes la terre martiale, & furieuſe.   De Marignan) C'eſt le lieu, ou le feu Roy
gaigna la bataille contre les ſuyſſes. Carignã eſt
renommé par la uictoire de feu Monſeigneur
d'Anguien.   La Parque) Les trois deſtinées ſont
appellées Parques par antiphraſe, pource qu'elles
ne pardõnẽt à perſonne:on leur attribue une cru-
che, ou urne, ou ſont encloz tous les noms, & le
31   ſort fatal des hõmes.   Que le Grec, ou Romain)
Qu'Homere, & Virgile princes des poëtes heroïques.   Des Indes) Bacchus fut le premier, qui
dompta les Indes, & y ordonna ſes loix, & ſacrifices.   Et l'Archer)Cupido le Dieu d'amour aſſez congnu.   Si Homere, & Virgile) il oppoſe
deux

deux lyriques à deux heroïques, l'un grec, et l'au
tre latin. Le plus fort des Grecz) Achille filz de
Peleus, & de Thetis la ieune, l'une des Nymphes
marines. d'Aiax) Il feut filz de Thelamon Roy
de Salamine, & d'Hesione seur de Priam: il estoit
cousin germain d'Achille, & apres luy le plus
fort de tous les grecz. Ou celuy) Dyomede Roy
d'Etholie en la guerre troyenne blessa le Dieu
Mars, qui fauorisoit les Troyens, & Venus, qui
s'opposa à luy, quand il combatoit contre Enée,
filz d'Anchises, et de ladite Déesse. Au Nectar) 32
C'est le bruuaige des Dieux. D'une Charite)
voy en l'Ode II. au commencement.

De l'Ode IIII.

Croyãt en des aisles) Icarus filz de Dedalus cet 33
excellent Architecte suyuant son pere, qui auecques des aisles iointes de cire s'enuoloit de Crete
fuyant la fureur du roy Minos: haussa les sien-
nes si hault, que la chaleur du soleil les feist fon-
dre, & tumba le miserable dans la mer, qui de
son nom fut depuis appellée Icarienne. Qui
tant sceut Achille) C'est Homere, qui en son
Iliade auec un merueilleux style exalte la uertu d'Achilles. Le cygne Thebain) Pindare prin
ce des lyriques Grecz. La buccine torte) Vir- 34

gile Homere des Latins, qui a chanté les batail-

34 les d'Enée.   De ce Calabroys) Horace le premier des lyriques Latins.   Le nom d'Ahillé) vn
Dyomede) voy en l'Ode precedente. vn Therſi-
te) c'eſtoit le plus laid, & mal adroiĉt de tous
lesgrecz au ſiege de Troye, et le plus querelleux.

O Boccace) c'eſtoit un Florentin, qui a fort biẽ
eſcrit en ſa langue en proſe, & en uers.   De tes
lauriers.)Petrarque en ce, qu'il a eſcrit de ſa dame Laure à ſurmõté tous ceux, qui onques écri-
uirent des paſſions d'Amour.   Dante, & Bẽbe.)
Le premier eſt l'un des plus anciens poëtes Flo-
rentins:le ſecond eſt ce doĉte Cardinal P. Bembe
tant eſtimé entre les modernes Italiens.   Du pa-
ſteur Nẽapolitain.) Iacq. Sannazar natif de Naples moderne auſſi. c'eſt luy qui a faiĉt la non
moins doĉte, que plaiſante Arcadie, & qui a
cõme diĉt l'Arioſte, faiĉt deſcẽdre les Muſes des
Montaignes pour habiter les arenes:pource, qu'il
a ecrit des Eclogues marines.   Le Lot, le Loyr)
Ce ſont les fleuues des plus renõmez poëtes Fran
çois de noſtre temps.Ilz ſont aſſez congnuz par
35 leurs oeuures, ſans que ie les nomme.   Que ta
lyre) L'autheur entend de luy meſmes.   Qui
rendoit les enfers.)Orphée filz d'Apollon, & de
la Muſe Caliope deſcendit aux enfers, pour en ti-
rer ſa

rer *fa femme* Euridice, *ou il ioua fi biē de fa lyre,*
qu'il endormit Pluton, *& les umbres.* On *feinct*
de luy que par fes doulces chāfōs il adouciffoit
les tygres, & les lyons, & cōtraignoit les pier-
res, & forcfts de le fuyure, c'eft à dire que par
fon eloquence il affembla en communité de uie
les hommes au parauāt brutaulx, & fyluuefstres.

De l'Ode   V.

Celuy, *qui iadis*) Hercules *fut filz de* Iupiter, 35
*& d'*Alcmene *femme d'*Amphitriō Roy de Thebes: *eftant encores fort ieune, la uertu, & la uo-*
lupte s'apparurent à luy en un lieu fort defert.
La *premiere eftoit fort mal en ordre, & toute*
defcirée, mais toutesfois belle de uifaige. L'*autre*
eftoit oultre fes blandices, & attrayans regars,
parée de fumptueux accouftrements : luy eftant
offert le chois de fuyure l'une, ou l'autre, il efleut
la uertu.   De la *fameufe* Sereine) Les Chalci- 37
diens cherchant nouuelles habitations, trouuerēt
la fepulture de l'une des trois Sereines *nommée*
Parthenopé *en celle region d'*Italie, *ou eft main-*
tenant la cité de Naples, *qu'ils edifierent lors.* El-
le eft par les poëtes fouuent nommée Partheno-
pé du nom de la Sereine *, fur le fepulchre de la-*
quelle en furent ietez les premiers fondementz.
Ceulx *de* Loraine *ont efté* Roys *de* Sicile, *de* Na-

F

37 ples, & de Iherusalem.   Le mont) C'est la mõ-
taigne d'Aetna, tousiours ardente à cause de ses
ueines de soulphre. Les poëtes feignent que là est
la forge du dieu vulcã. les autres disent qu'Ence-
lade l'un des gëans, qui uouluret escheser le ciel,
est foudroyé là dessoubz, & que de son estõmac
sortent les flammes, dont celle montaigne sou-
loit luyre nuict, & iour: on l'appelle maintenãt
Montgibel.

De l'Ode   VI.

Le luc melodieux) Les poëtes lyriques cæle-
broint iadis les louanges des Dieux, & des hom
mes uertueux, que les anciens souloint appeller
38 Heües, & enfans des dieux.   D'un seul Rolãd)
uoy l'Arioste en son Orlãdo furioso.   Le grand
39 Atlas) Les poëtes ont feint, qu'Hercules iadis pour
soulaiger Atlas, soustenoit le faiz du ciel à son
tour. d'Atlas uoy au Prospho. uers la fin en ces
motz, un lieu se treuue.   O d'Egée le filz) The-
seus filz d'Egée, & d'Aethra, secourut Hercule
cõbattant le serpent Hydra, il ietoit les testes cou
pées dedans le feu, & par ce moyē les gardoit de
repulluler. d'Hydra uoy au cõmencemēt du chãt
40 triumphal en ces motz, Hydre iadis. Ayant Typhis) C'estoit le patron du nauire de Iason au
uoyaige des Argonautes. La riche toyson) C'estoit
la toyson

la toyfon du mouton, qui emporta par mer Hellé, & Phryxus . Hellé fe noya en la mer dicte
Hellefponte, & Phryxus arriué en l'ifle de Col-
chos facrifia le mouton aux dieux, qui eft le premier figne du Zodiaque, & la toyfon demeura
pendue au temple . C'eft ce qu'on dict uulgai-
rement la toyfon d'or.   Les fors Iumeaux) Voy 40
au chat triũphal en ces motz, et des Iumeaux.

De l'Ode   VII.

*Ce grand Roy) Voy au chant triumphal en ce^s 43
motz, noftre Neftor.   Le faige Grec.) Vlyffes le
plus prudent, & ruzé de tous les Grecz, & le
plus eloquent. il feut X. ans au fiege de Troye, &
bien autãt errant par le monde auãt qu'il peult
retourner en fon pais d'Itaque uers fa femme Penelope. De Penelope uoy en l'Ode I. uers la fin, en
ces motz, & ta Penelope.   Epaule chenue) Les 44
mõtaignes couuertes de neige en hyuer.   Io ma
lyre) Voy au Profph. en ces motz, l'Io triumphal.

D'hyerre à la racine uelue) Les anciens fou-
loint orner les autelz de fueilles, et rameaux felon les dieux, aux quelz ilz eftoint dediéz, cõme
à Phebus le laurier, à Mercure l'oliuier, à Bacchus
l'hyerre, ou le pampre , à Venus le myrte, &
ainfi des aultres. La uerueine auffi eftoit eftimée

F ij

fort heureuſe en tous les ſacrifices: & les motes
43 *de terre arrachées auecques leurs herbes. Ce-*
luy Macrin*) ſalmon* Macrin *poëte lyrique mo-*
derne natif de Loudun *a dedié ſon liure à feu*
monſeigneur de Langé*, & à mõſeigneur le* Car-
dinal du Bellay. *Le* Lesbien *ſes uers) C'eſtoit*
Alcée *poëte lyrique, natif de* Lesbos*. Il mena la*
guerre contre les tyrãs, & par ſes uers en cõtrai-
44 *gnit quelques uns d'abandõner leur païs. Qui*
ueit à ſon bord quelquefois) Le Tybre *fleuue de*
Rõme*, qui a eu quelquefois la monarchie de tout*
45 *le monde. La* Parque*) Voy en l'Ode* III. *en ces*
mots, la Parque. *De* Charõ*)C'eſt le uieil nautõ-*
*nier, qui ſur le fleuue d'*Acheron *paſſe les ames*
d'une riue à l'autre. Le froid Caucaſe*)C'eſt une*
montaigne de Scythie *fort haulte, & inhabita-*
ble à cauſe des perpetuelles neiges, dont elle eſt
couuerte. Les poëtes feignẽt, que Promethée *pre-*
mier autheur de l'idolatrie, apres auoir deſrobé
le feu du ciel, feut par le iugement de Iupiter *at-*
taché au ſommet de celle montaigne, ou un aigle
perpetuellement luy ronge le poulmon autãt re-
naiſſant la nuiĉt, cõme lediĉt oyzeau en deuore
le iour. Des Syrtes *barbares)Ce ſont certains*
lieux en Getulie *pleins de ſable, & fort chaulx,*
pource qu'ils ſont ſoubs la Zone *torride.*

De l'Ode

De l'Ôde VIII.

L'Afrique poßede.) l'Afrique tierce partie du 45 monde est abundante en mines d'or, & d'argent, & en toutes choses precieuses, & aromatiques. Le commun prouerbe dict que l'Afrique apporte tousiours quelque chose de nouueau.

De Dyamant.) Par la durté du dyamant il designe combien est forte, & indomptable la necessité.   Le Scythe) C'est une nation soubs le septentrion. Les pasteurs scythiques, qu'on appelle Nomades usent de tentes en lieu de maisons, & les meinent sur des charrettes ou bon leur semble. Et les Gettes) C'est une gĕt de Thrace endur- 46 cie au froid, & au labeur. Leurs champs sont cŏmuns entre eux, & celuy qui l'année precedente aura labouré, se reposera l'année suyuante, pĕdant que son uoysin le releue de cete peine.   Et la forte liqueur) Le uin, qui chaße la melancholie. La faim sacrée) C'est à dire execrable, pource qu'anciennement ceux de Marseille toutes les fois que la peste se mettoit en leur uile, quelqu'un des pauures se presentoit pour estre nouri toute l'annee des uiandes publiques, & plus delicates, appres il estoit orné de uerueine, & de robes sacrées, & mené ainsi par toute la uile auecques execratiõs d'un chascũ, affin que tous les maulx

86

de la cité tumbaffent fur fa tefte, & cela faict il
eftoit precipité. Ilz nommoint cet homme la fa-
46 cré, c'est à dire mefchant, & execrable.   De
l'Arcture) l'Arcture est une étoile, que les Aftro
logiës appellët la queue de l'ourfe: elle est derrie-
re le Septentriõ: à fon leuer elle excite les pluyes,
& tempeftes, & à fon coucher encore plus: elle
naift enuiron la faifon d'Autone.   Du Boug) vn
figne eft fur les cornes du taureau, qu'on nõme le
chartier, qui en fa main tiët deux eftoiles, qu'on
appelle Bougz, dont le leuer ameine la pluye, &
l'oraige: elles fe monftrent au mois d'Octobre à
47 la naiffance du Scorpion.   Le doulx Nectar, &
l'Ambrofie) par le nectar qui eft le bruuaige, &
l'ambrofie, qui eft la uiande des dieux, il entent
les uins delicieux, & les uiandes delicates.   Des
Indes) par les Indes qui eft une region d'Afie la
plus prochaine du foleil leuãt, il entent l'Orient.
De la terre more) C'eft le midy, ou eft la mauri-
48 taine Ethiopie.   L'aftre annuel) Le foleil qui faict
le cours de l'année.   D'erynnis) Les furies en
grec s'appellent Erynnies. Des furies uoy au chãt
triumphal en ces motz, les filles d'Acherõ.   Que
Mars) c'eft le dieu des batailles.

De l'Ode IX.

49 La uieille au uifaige blefme) C'eft l'enuie, qui fe
tormentant du bien d'aultruy, fe dõne torment à

ſoymeſmes. De la canicule) *Il y a deux eſtoiles, 50*
qui s'appellent du nõ de chien, l'un grand, l'autre
petit. Il parle du petit, qui ſe montre enuiron le
moys d'Aouſt au tropique du cãcre, ou regnẽt les
pluschaulx, et dangereux iours de l'année, qu'on
appelle iours caniculaires. Il donne oreilles. &
les cauernes) *Les faiſant reſonner par ceſte uoix*
qu'on appelle Echo, *tout ainſi que s'ilz entẽdoint*
ce, qu'on chante. A eux meſmes ſuruiuans) *Par*
bonne renommée. Ta petite Sarte) *Pource que*
Bouiu *eſt né pres de Sarte, c'eſt une petite riuiere,*
qui tumbe en Loyre *enuiron une demy lieue au*
deſſus d'Angers. Au meſme Pau) *C'eſt un grãd*
fleuue, qui paſſe par la Lombardie: *il s'appelle en*
latin Erydanus, & *en quelque endroiɛt eſt nõ-*
me le Roy des fleuues. Commãder à ces foreſtz,
en leur apprenant) *Poëtiquement, pour les faire*
reſonner. O l'ornemẽt) *La lyre eſt dedié à Phe-* 51
bus, qui ſelõ les poëtes en ioue deuant les dieux à
la table de Iupiter. Race du pere des dieux) *Les*
ix. Muſes *ſont filles de* Iupiter, & *de la déeſſe*
Memoire. Les Satyres) *Les dieux des foreſtz,*
demy bougs et demy hõmes, pleins de laſciuité.

De l'Ode. X.

D'ung mur d'airain) *Horace appelle la conſciẽ-*
ce nõ coupable un mur d'airain. Soit que le pe- 52

re) Iupiter le perè des dieux & des hömes,à qui
52 les poëtes attribuët la foudre. Les piedz aiſlez)
Legers,ayãs des aiſles.   Les furieux ſerpẽs)Que
les furies ont en lieu de cheueux, dont elles em-
poyſonnẽt les cœurs des hömes coupables. Auec
l'oyzeau) C'eſt un aigle, ou uaultour, qui ronge
les entrailles du grand Tytie l'un des Geans, qui
uoulurent écheller le ciel.Iupiter auecques ſa fou
dre le precipita aux enfers,ou ſon corps eſtendu
de tout ſon lóng couure bien ix. arpens, comme
diÉt Virgile. Et toy auſſi) Voy en l'Ode VII.en
ces motz,le froid Caucaſe. Ce feut au tẽps)Voy
53 au Proſph.en ces motz, la belle uierge. Cet audacieux feuure) l'Ingenieux architeÉte Dedalus,qui baſtit le merueilleux edifice du Labyrin-
te.Voy de luy en l'Ode IIII. en ces motz,croyant
en des aiſles. Mais bien l'Enfer)Il entẽd d'Hercules,qui alla aux enfers, dõt il emmena Cerbe-
rus le chiẽ à trois teſtes portier d'enfer:& d'Orphée, qui par le doulx ſon de ſa harpe adoulcit
Pluton,& les furies,quãd il impetra le retour de
s'amye Eurydice. Celuy urayment)l'Arioſte par
une licence poëtique attribue l'inuention du canon à un tyrant Roy de frize nõmé Cymoſque,
que Roland tua, & geta ſon canon en la mer,
d'ou le retira depuis un Alemant par reuela-
tion

tion diabolique. Et Salmonée) Cetuy se faisoit mener en triumphe par les uiles de Grece, & fei gnoit le tonerre de Iupiter auecques un pont d'ai rain, & des cheuaulx, qu'il faisoit courir dessus. En sa main il tenoit une lampe ardente, dont il getoit le feu sur ceulx que bon luy sembloit, & incontinent les faisoit tuer. Iupiter luy fist sentir par sa fouldre, que c'est de uouloir usurper l'hon neur des dieux. Orion quelquefois) Il estoit co- paignon de la uierge Diane à la chasse, mais s'ef- forçant de uioler la chasteté d'elle, il feut tué par les saiettes de ladicte Déesse. Trois cens liens) Pirithoys, ou Pirithöus en latin, alla aux enfers auecques Thesée pour en rauir Proserpine féme de Pluton, mais il y demeura, & selon Horace y est enchainé de trois cens liens. Ixion) Il osa prier d'amour Iuno femme de Iupiter, Déesse de l'air, que pour cete raison les poëtes feignět auoir supposé une nue à sa figure, & semblance, ou le- dict Ixion pensant iouir de ses amours engědra les Centaures demy hōmes, & demy cheuaux, qui furět deffaicts par les Lapythes. L'escadrō furieux) Les Geans. uoy au Propho. en ces mots, nouueaux enfans.

De l'ode XII.

De celuy les dangers) d'Vlysses. Voy en l'ode 55

55 VII.*en ces mots, le saige* Grec. Fatale Troye)
Dont la ruine dependoit de trois destinées de la
mort du ieune Troilus filz de Priã:de la perte du
Palladion, qui estoit l'imaige de Palas, & de celle
du sepulchre de Laomedon. L'ãgloyse tragedie)
Tragedie est un poëme, ou sont introduictz demy dieux, Roys, & autres grãds personnaiges.
Le cõmencemẽt en est uolũtiers plaisant, mais la
fin en est triste, & malheureuse. Au port d'I-
taque) C'est une isle en la mer de Crete pres des
isles Cyclades. Vlysses anciẽnemẽt en estoit Roy.

Saige Telemaque) Il estoit filz d'Vlysses, & de
Penelope, & chercha son pere longuement. Le
grãd uainqueur) Alexãdre le grand quelquefois
estant au port de Sigée pres de Troye, ou estoit le
sepulchre d'Achilles, s'ecria, ô bien heureux ado
lescent, qui as trouué une telle buccine de tes lou
anges, parlant du diuin poëte Homere, qui a chã
té en son Iliade la guerre de Troye, & les uertus
56 d'Achilles. Troyen pitoyable) Enée chanté par
Virgile. Docte Gyrõde) Le fleuue de Garõne, un
peu au dessus de Bordeaux perd son nom, &
s'appelle Gyronde. Il l'appelle docte à cause d'Au
sonne excellent poëte, qui feut né à Bordeaux,
57 & de Carles, qui en est aussi natif. Qui la mer
saccaige) C'est ce feu artificiel, qui brusle en
                                                    l'eau

l'eau.il eſt uſité aux guerres nauales. Tes ieux)
pource que les matieres ioyeuſes, & legeres cō-
uiennent mieux aux uers lyriques,que les ſerieu
ſes,& graues.

De l'Ode XIII.

Les Thraces)Orphée ancien poëte filz d'Apol 85
lon,& de la Muſe Caliope, eſtoit né de Thrace.
La Grece)VII. groſſes uiles de Grece anciennement debatoint pour la naiſſance d'Homere.

Thebes encor')Pindare prince des poëtes lyriques eſtoit natif de Thebes. il a fait un liure de
uers lyriques nommé les Olympies, ou il chante
les louãges de ceux,qui auoint uaincu en Olym-
pe.C'eſtoit une place au pié du mont Olympe,ou
tous les ans ſe faiſoint certains combats,& ex-
ercices,ou les mieulx faiſans gaignoint un pris.
les anciens Grecz cōtoint leurs ans par ces ieux
la, qu'ils nommoint Olympiades, comme auſſi
les Romains par leurs conſuls, & nous par l'in-
carnation du filz de Dieu. De seine)Pource
qu'Heroet eſt natif de Paris. Les fronts ſtoi-
ques)C'eſtoit une ſeEte de philoſophes anciēne-
ment fort ſeueres, & graues en leurs traditions.
zenon en eſtoit le chef. l'Academie) c'eſtoit
l'eſcole inſtituée par Platon nommé le dieu des
philoſophes.ceulx de ſa ſeEte eſtoint nōmez Aca

demiques. Il a parlé fort diuinemēt de l'amour.

58 . Du double mōt) De Parnaze, seiour des muses,
pource qu'Heroet, qui a suyui Platon, à traicte en
vers son liure de la perfection d'amour. A Pythagore) Voy en l'ode 1. en ces mots, riue obliuieu

59 se. A qui iadis) Les mousches à miel feurēt trou
uées en la bouche de Platon encor' enfant, lors
qu'il dormoit. Cela estoit un presaige de la grande eloquence, qui deuoit estre en luy. Tu as rō-
pu) Les poëtes attribuent un arc, & des flesches
à Cupido dieu d'amour, qu'Heroet à traicte selō
la uerite de philosophie, & non selon les fictiōs
poëtiques. Le couplet suyuāt s'entend par cetuy
ci. Non du uictorieux) Pource que les poëtes uo
uoluntiers menteurs s'en couronnent. Mais du
pacifique) Pour ce que l'oliuier anciennement si-
gne de paix est dedié à Pallas déesse de sapience.

Dessoubs qui) C'est une allusion à Monseigneur
le Chācelier à qui Heroët touche de cōságuinité.

De l'ode XIIII.

59 Neueu d'Atlas) Mercure estoit filz de Iupiter,
& de Maia fille du geant Atlas. Au uieil Thebain) Amphion excellent harpeur selon les fictiōs poëtiques assembla par le son de sa lyre les

60 pierres, dont feut fondée la cite de Thebes. Coquille

quille dorée)Mercure encor 'enfant trouuant la coquille d'une tortue, y adapta des chordes, & en fist la lyre, dont il fut le premier inuenteur.

Tu peux mener)Il parle d'Orphée, & de sa ly-60 re. Le portier aboyât)Cerberus le chien à trois testes, portier d'enfer. Le grand Tytie)Voy en 61 l'ode X. en ces mots, Auec' l'oyzeau d'Ixion, uoy en celle mesme. Il est attaché à une rouë pleine de serpens, qui tourne sans cesse. Auec' la pier re)Sysiphe pour auoir découuert aux hommes les secrez des dieux, est condamné aux enfers à porter sur le hault d'une montaigne une grosse pierre, qui roule tousiours en bas, & iamais ne se peult arrester. Le bussart)Les filles de Danäus le premier iour de leurs noces tuerent leurs ma-riz par le commandement de leur pere, excepté la plus ieune nömée Hypermestre, qui sauua son mary nommé Linus. Pour ceste raison elle feut par son pere mise en estroicte prison, d'ou sö ma ri la tira depuis, & fist mourir le cruel Danäus.

De l'Ode XV.

Iadis en Grece)De Grece anciennement floris-63 sante en armes, uindrent aux Romains les scien ces, & bonnes lettres, que le feu roy F R A N-C O Y S a ramenées en France. Du double cou-

94

peau)De Parnaze, qui a deux sommets selon les
poëtes, mais à la uerité ce sont deux montaignes
separées. l'une est Cytherō dediée à Bacchus, l'au
tre Helicon dediée à Phebus.   A leur mere)A la
memoire.   Du Lot, du Loir) Voy en l'ode IIII.
en ces mots, le Lot, le Loir.   Comme l'oyzeau)
C'est l'aigle, qui ne craint point la fouldre, pour
ce est elle appellée coustilliere, & ministre de Iu
piter, dont par son uol elle monstre les signes, &
prodiges.   Du blond Troyen)Iupiter selon les fictions poëtiques fist rauir par ses aigles le beau
Ganymedes ieune pasteur Troyen, qui luy sert
d'echanson, & feut nomme Aquarius, l'un de
XII signes du zodiaque.

De l'Ode XVII.

Braue Amazone) C'estoit Panthesilée Royne
des Amazones, ainsi nōmées pource qu'elle s'o-
stoint une māmelle, afin d'estre plus dextres a la
guerre. Elle uint au secours des Troyens cōtre les
Grecz, excitée par la renommee d'Hector.   l'As
syrienne, & Camille)La premiere estoit celle tāt
fameuse Royne des Assyriens Semyramis, qui fon
da la grand cité de Memphis, & apres la mort
de son mari Ninus, gouuerna lōg temps le roy-
aume

aume soubs la semblance de son filz. La seconde
estoit celle uierge chasseresse chantée par le poëte
Virgile. Elle uint au secours de Turnus contre les
Troyens, ou elle fist de merueilleuses armes. De
Marphize, & Bradamant) Voy l'Arioste en son
furieux. De sa Corinne) C'estoit une dame de 66
Thebes fort scauante. La fille Lesbienne) Sapho, qui estoit de l'isle de Lesbos. Elle inuenta le
uers nommé saphique, & composa beaucoup de
uers lyriques tant estimez des anciens, qu'on
l'osoit bien comparer à Pindare. Beaucoup d'autres scauantes Dames feurent anciennement ap
pellées Sapho. Celle, qui fist) Hortensie mere
des deux Gracches excellëts orateurs Romains:
elle augmenta grandement leur eloquence par
son scauoir. L'une, & l'autre Palas) Pallas est
nommee deésse des armes & des sciences.

F I N.

Dialogue d'un amoureux,
& d'Echo.

P iteuſe Echo, qui erres en ces bois,
R epons au ſon de ma dolente uoix.
D' ou ay-ie peu ce grand mal conceuoir,
Q ui m'oſte ainſi de raiſon le deuoir?　　(de uoir
Q ui eſt l'autheur de ces maulx auenuz?　(venus.
C omment en ſont tous mes ſens deuenuz? (nuds.
Q u'eſtois-ie auant quentrer en ce paſſaige? (ſaige.
E t maintenãt que ſens-ie en mon couraige? (raige.
Q u'eſt-ce qu'aimer, & s'en plaindre ſouuẽt? (uẽt.
Q ue ſuis ie dõq', lors que mõ cœur en fend? (enfãt.
Q ui eſt la fin de priſon ſi obſcure?　　　(cure.
D y moy, quelle eſt celle pour qui i'endure? (dure.
S ent-elle bien la douleur, qui me poingt?　(point.
O que cela me uient bien mal à point.
M e fault il donq' (ô debile entrepriſe)
L aſcher ma proye, auant que l'auoir priſe !
S i uault-il mieulx auoir cœur moins haultain,
Q u'ainſi languir ſoubs eſpoir incertain.

F I N.

LE PRIVILEGE DV ROY.

IL est permis par lettres du Roy datées du cinquiesme Nouembre, cinq cēs quaráte neuf, signées Soret, à Iaquette Turpin, de faire imprimer, et mettre en uēte un petit liure en rime Françoise, intitulé Recueil de Poësie, presenté à tresillustre Princesse madame Marguerite seur unique du Roy, mis en lumiere par cōmandement de madiĉte dame. Et defenses à tous libraires & imprimeurs de non imprimer, ou faire imprimer & mettre en uente ledict liure iusques à trois ans prochains, sur peine deconfiscation desdicts liures, & d'amende arbitraire.

Faultes en l'impreßion.

3	de bons	des bons.
36	cognoiſt	congnoiſt.
41	L'ſprit	L'eſprit.
42	cogneut	congneut.
45	qui l'Afrique	que l'Afrique.
	le ſcyte	le ſcythe.
46	les Gettes	les Getes.
60	e toy encor'	et toy encor'
	de cheuaux	des cheuaux.
69	proëſmes	poëmes.
71	le precipita	les precipita.
82	Heões	Herões.
54	e ta uertu	et ta uertu.
87	d'Aouſt	de Iuillet.

www.ingramcontent.com/pod-product-compliance
Lightning Source LLC
LaVergne TN
LVHW050631090426
835512LV00007B/780